U0152414

紅 色 新 聞 兵

一個攝影記者密藏底片中的文化大革命

李 振 盛

中文大學出版社

《紅色新聞兵：一個攝影記者密藏底片中的文化大革命》
　李振盛　著

© 香港中文大學 2018

本書版權為香港中文大學所有。除獲香港中文大學
書面允許外，不得在任何地區，以任何方式，任何
文字翻印、仿製或轉載本書文字或圖表。

國際統一書號(ISBN)：978-988-237-058-6

2018年第一版
2019年第三次印刷

書籍設計：何浩

出版：中文大學出版社

　　　香港 新界 沙田・香港中文大學
　　　傳真：+852 2603 7355
　　　電郵：cup@cuhk.edu.hk
　　　網址：www.chineseupress.com

Red-Color News Soldier:
A Chinese Photographer's Odyssey Through the Cultural Revolution (in Chinese)
　By Li Zhensheng

© The Chinese University of Hong Kong 2018
All Rights Reserved.

ISBN: 978-988-237-058-6

First edition　　　2018
Third printing　　2019

Book design by He Hao

Published by The Chinese University Press
　　　　　　The Chinese University of Hong Kong
　　　　　　Sha Tin, N.T., Hong Kong
　　　　　　Fax: +852 2603 7355
　　　　　　Email: cup@cuhk.edu.hk
　　　　　　Website: www.chineseupress.com

Printed in Hong Kong

讓歷史告訴未來

李振盤攝文革攝影作品集

二○一一年春

張愛萍

前國務委員兼國防部長張愛
將軍題字：
「讓歷史告訴未來——李振
『文革』攝影作品集」

自序

李振盛

　　半世紀前文化大革命爆發時，我任《黑龍江日報》攝影記者尚不到三年。文革十年裏，我拍攝了近十萬張底片：主要是為報紙需要而拍照片，當時稱為「有用的照片」；同時還拍了許多絕不可能見報的照片，稱為「沒用的照片」。每當拍了給文革「抹黑」的沒有用的照片，我要等同事都下班後，獨自鑽進暗房裏沖洗這些危險的底片，烘乾後把「負面」底片剪下來收好，藏在我的資料櫃或辦公桌抽屜自己設計的暗層裏。1968年春，黑龍江省一把手潘復生發動一場反右傾運動，我預感自己不久將被殺進報社的「支左小將」打倒，便陸續將「負面」底片轉移到家中。為防抄家時被發現，遂在平房木地板上鋸了一個洞口，擔心鄰居聽到動靜，由妻子祖瑩俠站在窗口望風，用了一個多星期才完成。之後，我將文革最激烈的頭三年裏拍攝的約兩萬張「負面」底片藏在地板下，再壓上桌子。這地板下藏底片的辦法，讓我在這年年底遭到批鬥且被抄家時躲過一劫。今天的人們才能看到這些完整記錄文革歷史的照片。

　　文革期間，幾乎所有人的生活都高度同質化，但我還過著另一重不為人知的秘密生活。其實當時的我並不完全明白為什麼要這麼做，是為了革命，為了自己，還是為了未來，只是有一種朦朧的歷史使命感。有人說，活得匆忙，來不及感受。對此我不敢苟同。正因為人生苦短，歲月飛逝，更要抓緊去感受生活，觀察社會，留下瞬間的痕跡，以防人類記憶失落。

　　我的攝影生涯受到東西方兩位攝影大師的深刻影響：一是曾在延安為毛澤東等共產黨領導人拍照的吳印咸大師，他在當年為我們講課時說：「攝影記者不僅僅是歷史的見證人，還應當是歷史的記錄者」。二是法國亨利·卡蒂埃－布列松（Henri Cartier-Bresson）大師，1960年8月中國對他的「決定性瞬間」理論及其作品展開大批判，但我從中受到啟迪，並以「逆向思維」領悟他的攝影真諦且實踐之。時隔43年後，他因看過《紅色新聞兵》法文版而盛情邀我在法國阿爾勒會面，竟破天荒地請我給他拍照並合影，他說：「我們都是記錄歷史的同路人」。正是這兩位東西方的大師讓我有了記錄歷史的使命感，覺得這些場面應該拍下來，留待後人去評說。雖然還在懵懂之間，但文革爆發不久後，我感覺到周圍發生的事已開始超越正常的軌道，這種感受也體現在我的拍攝之中——你們或許會發現，我在有意無意之間試圖尋找某種角度或構圖，來表現我認為這一切已經開始有些瘋狂與荒唐。

1996年10月，我應哈佛大學費正清中國研究中心之邀赴美訪問講學，便陸續把三萬多張底片帶到美國。2000年起開始在紐約與聯繫新聞圖片社（Contact Press Images）總裁羅伯特·普雷基（Robert Pledge）合作，花費三年多時間整理編輯這些底片。2003年6月，《紅色新聞兵》（*Red-Color News Soldier: A Chinese Photographer's Odyssey Through the Cultural Revolution*）由英國菲頓（Phaidon）出版社以英、法、德、意、西、日六種語言出版。發行後反響遠超預期，好評如潮，也榮獲多項國際大獎。但我心裏始終掛念的是，能儘快讓中國同胞及全球華人看到這份屬於我們自己的歷史記錄。

諸神默默，讓照片說話。隨著歲月流逝，油然產生訴說衝動，極欲向國人圖說文革，且愈來愈強烈。沒想到中文版《紅色新聞兵》的出版，竟是在英文版面世十五年之後。期間有多家中國大陸及港台出版社與我聯繫，但最終因眾所周知的原因而無果。在我心中，由一家學術性的機構出版《紅色新聞兵》中文版是最理想的選擇。常言說「念念不忘，必有迴響」，2017年5月，香港中文大學出版社與我聯繫。我很高興最終是由這間具有學術公信力的出版社擔綱出版，讓這份影像檔案完整地呈現在中文讀者面前。

從香港中文大學出版社與我討論出版思路開始，我們就達成一項共識，在英文版的基礎上，做一本給中國人閱讀的影像歷史書。因此，無論是照片的選擇或編排，都和英文版有所不同。中文版增補與替換了五十多張照片，自述部分增加文字萬餘言，展現更豐富更複雜的歷史細節。為佐證故事的真實性以及對歷史負責，對敘述中的當事人有區別地點出了姓或者名。另一方面，中文版在編排時更加注重敘事感和節奏感，像電影剪輯一樣組合特寫、近景、遠景、全景等景別，使書中的線索和主題更加清晰，故事性更強。同時也突出了英文版中不起眼但對中文讀者來說意味深長的照片，例如「四清」運動中萬人對敵鬥爭大會主席團成員討論對「四類分子」判決的照片（第40頁），這個決定命運的時刻，靠的僅是幾個主席團成員興高采烈的即興判決，視法律於不顧——這是典型的文革之預演。此外，書中的設計更加注重對頁的關係，比如將表演節目的天真孩子與表達忠心的虔誠士兵放在一起，直觀地體現了文革中兒童的成人化與成人的兒童化（第224–225頁）——這些改動看似並不明顯，卻在整體上提升了整本書的味道感覺與觀看體驗。

「讓歷史告訴未來」，是中國前國務委員兼國防部長張愛萍將軍為這本書的題詞。如今距離文革爆發已經過去了五十多年，這本《紅色新聞兵》書中的場景和氛圍看起來並不太遙遠，對文革親歷者來說仿如昨日。向後看的目的是為了向前看。記錄苦難是為了不讓苦難再度發生，記錄歷史是為了不讓歷史悲劇重演。這正是我出版這本書的初衷和願望。

2018年5月16日寫於紐約無為齋

前言　攝影與歷史

羅伯特・普雷基（Robert Pledge）

　　無產階級文化大革命發動八個月後，李振盛和他的造反小組「紅色青年戰鬥隊」，得到北京「全國新聞界革命造反者總部」頒發的印有毛澤東手書的「紅色新聞兵」袖章，《紅色新聞兵》書名（*Red-Color News Soldier*）就是按此字面含義而來。雖然還有其他更加通順的名稱，但是都無法保留這幾個字合在一起所表現出來的韻味。

　　長期以來，在西方世界中，對毛澤東和文化大革命有人持驚訝態度，還有人心存喜歡，但很少有人誠惶誠恐地看待文化大革命。1960 年代末 1970 年代初，世界各地鬧事的學生都對紅衞兵指責謾罵、高呼口號的做法感到歡欣鼓舞，安迪・沃霍爾（Andy Warhol）在紐約完成了著名的毛澤東絲綢畫像《偉大的舵手》。直到今天，與我們所見所聞的當代中國社會相比，文化大革命期間的混亂景象可能仍然略帶浪漫和理想色彩。

　　有鑒於此，必須通過更加清晰和真實的畫面再現在中國發生的那場黑白顛倒的浩劫——文化大革命。李振盛就是這樣一位不二人選，他通過超凡卓群的攝影作品，真實再現了當時的場景。經李先生同意，本書在出版前定下了一系列準則：所有照片都不進行剪裁；所有圖片都儘量準確地按照年代順序排列，以最佳地反映歷史進程；所有圖片都配有準確的文字説明，並通過進一步調研予以核實，還與李振盛工作近 20 年的《黑龍江日報》的報紙檔案進行核對。

　　在編輯《紅色新聞兵》的幾年時間裏，李振盛向聯繫新聞圖片社紐約公司送交了大約 3000 個牛皮紙小信袋，信袋用橡皮筋綁在一起，按照年代、時間、地點、膠卷類型和其他標準分類，而分類標準也隨著時間的變化而變化。每個信袋裏面存放若干張底片，每張底片都裝在半透明底片袋中。當年，李振盛先生把每卷膠片剪開，分別藏匿，有的底片一直沒有動過。李先生在每個信袋上都用漂亮的中國字書寫了文字説明，認真註明地址、名稱、人名、職務和具體事件。李先生的書面敘述清楚表明，他對當時的情況記憶猶新，歷歷在目。

　　從 2000 年到 2003 年的三年多時間裏，李振盛先生、翻譯江融、英文文字作者傑克・米納什（Jacques Menasche）和我本人，後來李先生的女兒笑冰也加入進來，幾乎每個星期天都聚在一起，共同拼合這段我們所知不多的歷

史。當時的工作十分繁重，但大家討論熱烈。我們翻閱了浩瀚的檔案資料和學術資料，進行訪談，查閱圖片，還傾聽李先生唱文革時期的革命歌曲。

在文化大革命期間，整個中國都變成了一座大戲院，觀眾逐步成為這台大戲的演員。從參加「批鬥會」的最貧窮的農民到受盡侮辱、低頭認罪的「階級敵人」，從很少公開露面、從吉普車上向群眾揮手致意的領導人到被打倒的人和打倒別人的人，從造反派到反革命分子、紅衛兵和保守派，無不扮演著各自的角色。紅袖章和紅旗、標語、大字報、紅寶書都成了道具，整個舞台被幕後的巨人所操縱，數百萬人環繞左右，有人高呼口號，有人沉默不語。

但是，因為有了李振盛先生，看似不知名的面孔和地點也有了名稱或身份。李先生把看似不太真實的事件變成了真真實實的事件。通過他的鏡頭，本來十分遙遠的人物和事件顯得十分親近和平常，又是那麼熟悉。文化大革命給急於改變整個世界的新一代人提供了發洩不滿和憤怒的機會，但是當權者利用這股力量達到了一個截然不同的目的：牢牢掌控權力。1960年代末，在世界其他大洲的一些城市同樣爆發了學潮，但是都沒有像中國那樣嚴重和暴力。

我們將永遠感謝李振盛先生，他冒著巨大的風險完整地保留了數以萬計的歷史見證照片。要知道當時他的中國同行大多數都不拍攝「負面」照片，少數拍了的也大多銷毀了手中的膠片。從本書刊載的李振盛先生的多張個人自拍照可以看出，青年時代的他不斷探究自我，希望給後人留下自己的生活軌跡以及他追求個性和更美好世界的夢想。的確，歷史是李先生最大的關切，也是本書的主要宗旨所在：重溫並牢記無產階級文化大革命中發生的揮之不去的悲劇事件。正如德高望重的中國前國防部長張愛萍將軍給本書的題字：讓歷史告訴未來。

導言　李振盛：動亂時代的攝影師

史景遷（Jonathan Spence）

　　大部分歷史學家（也包括我）通常都認為，一個事件發生之後時間過得越久，越容易解釋和理解。但就1966–1976年給中國帶來悲劇的文革來説，這種籠統的説法毫無意義。相反，時間過得越久，越難以理解中國所遭受的這場最具有災難性和複雜性的群眾運動和政治動亂。是否這是毛澤東為了在他所統治的國家實施其革命遠見的最後一搏？倘若如此，那麼他如何能夠將對他的個人崇拜與共產黨的紀律約束加以協調？他是否意識到他的言行所產生的後果？那些政客，尤其是在上海圍繞毛夫人身邊的那些政客是在表演玩世不恭的戲，抑或他們真正相信自己所説的關於原來戰友的那些離奇事情？為何幾百萬年輕男女竟被毛澤東故意煽動動亂的言詞所吸引？為何黨政領導人會如此迅速屈服於喊口號的青少年？年輕人的暴力來源於何方？有何理由可以使那些懲罰、毒打和侮辱年長者的人對這些惡毒而且常常是致人於死地的做法辯解？即使他們可以為這種暴行辯解，他們內心又有何理由可以使他們對來自學生中的其他所謂革命群眾進行惡戰？

　　如果有朝一日我們真正能夠回答這些問題，並理解他們的動機、理解文化大革命潛在的含義，很可能會源自於像新聞攝影家李振盛這樣的目擊者所提供的證據。在1960年代中期至1980年代初期拍攝的十餘萬張膠片中，李振盛捕捉了文化大革命在中國最北邊的省份黑龍江省哈爾濱市內及周邊地區的發展情況。作為國營報紙的官方攝影師，李振盛當然在一定程度上只是遵命攝影，但作為一個具有敏鋭眼光的年輕人，他也捕捉到一些十分複雜的鏡頭：他準確地拍攝到人的悲劇和人性的弱點，不僅為他的同輩而且也為後代創造了永久的遺產。當西方人面對他具有多重意義的影像時，也能理解在這場持久的人類災難中那些令人痛苦和啼笑皆非的情景。

　　哈爾濱是李振盛拍攝文革照片的主要地點。相對於中國悠久的歷史來説，它可算是一座新城市，從19世紀末開始擴大為交通樞紐，位於新建成的中東鐵路（由俄國政府出資提供的一條通往海參崴的捷徑，比更靠北的橫跨西伯利亞的鐵路更短）跨過松花江的地方。在幾年內，這座新興城市與南滿鐵路系統連接在一起，通往瀋陽（然後到北京）和朝鮮。儘管冬天氣候十分寒冷，該城市迅速擴展，因為除了俄國資金之外，日本也投資。而且，中國外地的定居者湧入該地區，利用哈爾濱提供的便利，去獲得豐富的礦物、

木材和糧食資源。1930年代至1940年代期間，在日本統治下，哈爾濱進一步發展。它是存在不久的日本控制的「滿洲國」的主要城市之一。在二戰後蘇俄的短暫佔領結束後，1940年代後期，哈爾濱成為共產黨基地的中心，共產黨由此一步步成功地統一了中國。作為在共產黨領導下的黑龍江省省會，哈爾濱成為超過200萬人口的城市，以及東北地區的主要政治和工業中心。由於這些因素，在1949年獲得勝利後北京政府為全國進行未來規劃時，東北的共產黨和軍隊將領發揮了重大作用；在1950年代中期，其中的一部分人被殘酷地清洗了。

在1966年文化大革命爆發之前的許多年裏，李振盛還在上學，中國已進行了各種群眾運動，包括反對美國參與韓戰的群眾示威活動；大規模抗議美國所謂的在朝鮮北部與東北地區實施的細菌戰；以土改的名義將所有農村社區整編起來；全民消滅諸如蒼蠅、蚊子、老鼠和麻雀等「四害」；打擊城市「資本家」以及那些為外國人做事的買辦；大肆批判作家和藝術家背離社會主義現實主義的標準，淪為文化修正主義；以及對那些無法超越個人利益、無私地為社會主義國家作貢獻的官僚開展的運動。1958年下半年，這些運動均歸到一個更大的革命旗幟之下——大躍進，即通過成立人民公社，將國家推到工農業自力更生的道路上。這是為了建立集中管理的龐大農村社區，將分散的農業、地方工業、對外國侵略者的防禦、育兒、飲食、保健和文化創作等不同領域結合起來。在幾年內，公社被證明是徹底的失敗，它基於毫無希望和不現實的增長預測，使人力和土地耗竭，最終發展為1959年至1962年席捲中國農村的災難性大饑荒。

哈爾濱群眾集會反對美國
入侵越南（1964年8月1〇
日，哈爾濱）

　　正是在這些廢墟上，毛澤東在人民解放軍中可信賴的幾位將軍的協助下，開始建設徹底變革的偉業。根據毛的預想，無產階級文化大革命將通過盡可能調動全社會男女老少的革命幹勁，一勞永逸地消除各種政治上的「修正主義」和官僚倒退的做法，並阻止資本主義的復辟。對於這場革命的風暴，沒有人能夠倖免，所有人的生活都會改變。教育僅僅集中在工業和農業生產方面，傳統的學校和大學將被關閉。紅衛兵從這種能量的釋放中產生，作為一股新的社會和革命力量，參與破壞舊思想、舊文化、舊風俗、舊習慣的「四舊」。由於不受地方政府固有的保守思想的阻礙，他們能夠以毛主席的名義，進行他們認為必要的一切改革。

　　這正是李振盛在哈爾濱的主要報紙《黑龍江日報》開始擔任新聞攝影記者的工作時，需要用相機拍攝的世界。對我們來說非常有用的是，他的照片記錄始於1964年，因此，從他最初的影像，我們至少能多少瞭解中國人民反對美國「帝國主義」侵犯越南的集會，以及1965年在該區域對被稱作「地主」的當地農民進行公開批鬥會的場景。李振盛仔細拍攝到這些群眾集會的巨大場面，以及被判定為農村地主富農的襤褸衣衫和憂愁面孔。即審即決的畫面與李振盛同樣仔細觀察到的「正確」政治態度的照片並置，後者反映在民兵演習，黨代表的地方選舉，工人們鄭重宣讀他們認真準備好的毛式文章中；而且，在這些照片中始終存在毛主席肖像。

　　儘管我們現在知道，文革的許多準備工作是於1966年年初在上海和北京開始的，但我們能夠從李振盛的照片記錄中看出，革命的辯論和行動的浪潮如何在這一年8月中旬才真正影響到哈爾濱。在此不想重複所有關鍵人物的

姓名和官銜，或許只需要強調李振盛對8月份這些事件細節的詳細拍攝，寶貴地記錄了經過仔細安排的事件順序：當北京和上海的革命組織提出新政策的消息在哈爾濱傳開之後，地方黨組織迅速起來反對「舊傳統」。最初的行動是摧毀當地的佛教寺廟、公開褻瀆佛像、燒毀經書、公開痛斥管理寺廟的和尚。同時，在本書中也生動地反映出，從1966年8月底到9月初，攻擊也轉向哈爾濱的主要黨政官員。李振盛沒有忘記拍攝這些人的照片，他們每個人都被迫掛上一塊寫有其罪名的牌子，被迫站在椅子上，被大批觀眾嘲弄，並戴上特製的高帽。李振盛最傑出的一組系列照片是，原黑龍江省長李范五的頭髮被當地的紅衛兵剃得參差不齊，這種行動明顯地表明這些男女已無法有能力控制當地發生的革命。但是，這些羞辱行為卻得到黑龍江省委新上任的第一書記潘復生的鼓動，並在某種程度上得到他的精心安排。潘是外來的，與當地沒有任何聯繫。黨內原先的一些領導幹部還沒來得及自衛，就被他和其他幾位幹部出賣了。他們以此保住了自己的權力，因此沒有遭到羞辱。

在李振盛關於這些動亂的一些早期照片中，人們可以看到國家領導人的肖像被明顯擺放著——在毛澤東和周恩來的肖像旁邊，是中國國家主席劉少奇和中共中央總書記鄧小平。然而，到1968年年底時，這兩個人均被解職和清洗：劉少奇不久之後便去世，而鄧小平卻倖存下來，領導中國在毛去世之後邁向新方向。

1967年夏天，李振盛拍攝到了破壞財產和圖書館書籍，以及紅衛兵各派之間發生兇殘武鬥導致人員傷亡的照片。從這些照片中可以看出暴力和動亂不斷升級。或許，正如中國其他地方一樣，這是哈爾濱暴力行動的高潮。這些行為使毛澤東意識到，破壞力量現已失控。他的解決辦法是，命令軍隊介入重新恢復秩序，儘管是在一種所謂的共產黨革命團結的框架中進行的；同時，到處破壞的青年團體必須解散，並送到遙遠的農村，使他們能夠「向貧下中農學習」。然而，在這些變革措施之下並非沒有進一步死人：1968年4月，李振盛拍攝到七個男人和一個女人被遊街示眾，在作為犯人和反革命分子遭到批判譴責之後，在一群圍觀者面前跪成一排，然後被槍決。事實上，他們的命運似乎產生於哈爾濱當地複雜的政治形勢，在這種形勢下，軍隊與所謂「進步」工人聯合在一起，阻止當地城市裏的「混亂局面」。因此，這八個人當眾處決是在公開表明，「秩序」將由軍方維持，而這些人是否犯下任何罪行則無關緊要。

1969年開始之後，在黨組織的鼓勵下，媒體傾向於將焦點集中在社會的「積極」方面，中國政府以此作為秩序已經恢復的證明。人們忙於建設的積極狀態，與毛澤東破壞的能力正在衰退的時期吻合，並提醒我們，中國可能將會出現變化。正是在這個時期，「乒乓外交」開始。儘管越南戰爭仍在

進行，毛及其顧問開始對美國的姿態做出反應，這些姿態最終使理查德·尼克松（Richard Nixon）總統於1972年年初來到北京訪問。通過李振盛的相機可以看出，大型群眾集會和成排的屍體已轉變成1974年「批林批孔」運動中假裝出來的忠誠。李振盛這場知識分子式的冒險，試圖顯示出表面看似革命的形勢之下如何會產生反動的衝動，也表明為何中國社會可能仍需強大的極權統治，正如毛儘管不斷衰老和身患重病，仍然可以重複中國秦始皇在兩千多年前的作用。

　　1980年代初，李振盛開始在北京一所大學教授新聞攝影，但在開始這種新生活之前，他在黑龍江省又拍到一次奇特而又重大的時刻。自從文革的歲月過去以來，中國已經發生變化，至少變化到以下這種程度：目前正朝著小規模資本主義發展，因為農民有更多的權利在包產到戶的長期合同下種田，一些城市的個體企業家可獲得一小部分當地市場的自由和空間。在這個不斷變化的經濟環境中，隨著毛澤東的去世、「四人幫」最終被捕，一種新型體裁「報告文學」開始出現，這種新聞報道以新的方式呈現了中國存在的許多問題。其中最著名的一篇報告文學涉及1978年公開的黑龍江的一起案件，該案件涉及一位名叫王守信的女幹部，她壟斷採購煤炭的市場，並通過各種關係、貪欲、脅迫和賄賂建立起了商業小王國。這是一個複雜的案件，花了一段時間才弄清楚。但是，當真相大白時，王守信已被槍決。李振盛最後一次又拍攝到在黑龍江雪地上發生的悲慘而又孤獨的暴行。當局希望通過處死王守信殺雞儆猴。但是，李振盛的照片中有某種東西讓我們思考事情是否如此簡單。或許是王守信從將她帶到刑場的警車後邊凝視我們的臉，當時她的下巴已被法警打得脫臼，無法再高喊任何口號或辱罵；或許是她跪在冰冷的地上安詳的神情。無論如何，李振盛拍的照片中存在的某種模稜兩可的內容，迫使我們不斷質疑我們以為我們正看到的東西。李振盛的照片是對這個可怕時代的傑出呈現，王守信的這組照片是再合適不過的結尾。

第一部分

1940年農曆8月21日（公曆9月22日），我出生在遼寧省大連市，第二天，父親李元鑑寫信給我的爺爺，請他老人家給我起個名字。

　　爺爺李杏村在山東省榮成縣俚島鄉小構村老家，是個有文化的農民，同時也是個私塾先生，穿上粗布短襖就去種地，換上長衫大褂就來教私塾。那時，我父親及他的一個姐姐和七個兄弟，以及周邊村莊裏有點文化的人，都是我爺爺的學生。清朝末年，他曾參加過科舉考試，方圓十里八村都知道李杏村是一位很有學問的名人。我們李氏家族從我父輩們開始，直到我們十九個孫男孫女的小名和大號，全部都由爺爺起的。爺爺給我起的小名叫「新勝」，大名是他查看《易經》之後確定的，對我來說，姓名共計二十九劃最吉利。根據家譜，我是「振」字輩，他在「振」字之後加上「盛」，說這兩個字取自「振聲激揚，盛譽四方」。爺爺給我測字算命：將來能上大學、掙大錢、出大名——我的知名度會超過他老人家，未來會從事腦力勞動；雖然我命中注定會充滿艱辛與波折，但都會挺過來；在關鍵時刻總有貴人相助，且事業有成，能闖蕩天下；60歲以後，不愁吃，不愁穿，人生事業一帆風順。這一切都是我長大懂事後，聽爺爺和父母陸續說起的。

　　當時，我父母住在大連，東北三省都被日本人佔領，並成立了傀儡政權「滿洲國」。那時國運不濟，百姓生活艱難。

　　我們李氏家族是個大家庭，除了一個姐姐，父親是八兄弟中的老大，自然負有掙錢養家的責任，那時山東農村人多地少，靠務農過日子難以維計，許多人為討生活只好遠走他鄉，去「闖關東」。我父親就屬於闖關東的一代人，因他會烹飪手藝，在大連找到跑船的活兒就待下了，沒有再北上吉林或黑龍江。他在輪船上做廚師，非常出色。他隨輪船曾到過香港、台灣等地，還到過新加坡、日本、韓國和朝鮮等國家。

　　我父親闖關東之前，在山東老家承父母之命迎娶了原配夫人王樹英，生育一個兒子，名叫李振曆，母子倆一直生活在老家。當父親到大連站穩腳後，在朋友撮合下又娶了我的母親陳世蘭。父親有兩房太太，這在民國時期的中國，尤其在城市裏是很常見的。

　　第二次世界大戰期間，中國的海上航運業減緩乃至停頓，父親失業了。當時我三歲多，母親生下妹妹幾個月後去世了。對於我的生母，在我幼年記憶中一點印象都沒有。母親去世後，父親的原配夫人、我們的嫡母，捎信勸他回山東老家，並主動表示她會盡心照顧我和妹妹。為了躲避戰亂，父親決定帶我們兄妹倆回家鄉小構村。當年，山東是國民黨和共產黨部隊交互控制、互相拉鋸的地區，今天歸共產黨管，明天可能又歸國民黨管，我老家所處的膠東半島更是如此。

　　那是1944年春天，當時我不到四歲，妹妹還不滿一歲，我們從大連乘

左圖：李振盛的百天照（農曆1940年11月30日，遼寧大連）

右圖：李振盛一歲生日時與父母的合照（農曆1941年月21日，大連）

船出發，夜晚航行，看不清什麼東西，只能聽到大海的波濤聲。次日早晨，我們到達了渤海灣另一邊的威海，下船後十多人一起換乘馬車，往東方大約五十公里以外的榮成縣方向行進，沿途常有日本飛機低空飛過，每次看到飛機時大家都很害怕，父親趕緊抱我們下車，趴在路旁的莊稼地裏，等飛機飛遠了再上車接著趕路。

我的老家在膠東半島最東邊靠海的地方，雖靠海卻以務農為生，在周邊幾個不大的村落中算是一個較大的村莊，村裏約有一百四十戶人家，三百多口人，全村都姓李。我們家的房子是磚石砌牆，房頂苫的海草，屋裏是泥土地面，沒有電，只有煤油燈；沒有自來水，只能到離家兩里遠的一眼水井去挑水，全村都用這一口井。我、妹妹、父親和我們的嫡母，還有我的同父異母哥哥振曆，都住在同一棟房裏，振曆哥比我大八歲。

農村生活是艱苦的。父親必須下田幹農活，他是一位手藝高超的廚師，但務農對他來說卻是弱項。當我長到七、八歲時，就得在收割麥子時幫父親揀麥穗，甚至幫他拉獨輪車運東西。記得有一次，我們父子倆使勁將裝滿糞肥的獨輪車推上村北頭一高坡，父親在後面推車，我在前面抓住繩索用力拉，無論使多大勁兒，這小車就是不動。我轉頭看向在後面推車的父親，想問他該怎麼辦，他卻大吼道：「你為什麼回頭？再使勁拉！往前走！」——父親多年來沒有幹過農活，體力也不夠強壯，他的確也不知道該怎麼辦。

父親回到老家很不適應農田裏的活計，變得脾氣煩躁，容易生氣，經常跟扶養我們的嫡母吵架。對此，振曆尤其難以忍受，在他看來，媽媽已將所有的母愛都轉移到我和妹妹身上，對我們視如己出。妹妹淑舫身體非常虛弱，許多人告訴父親妹妹肯定活不了，但媽媽想盡辦法照料妹妹——母雞

4

下蛋，她會專門煮給妹妹吃，漸漸地妹妹也變得越來越健康起來。我們始終認為她就是我們的媽媽。

抗日戰爭結束後又開始了解放戰爭，國民黨和共產黨兩方面的軍隊相互爭奪山東省，膠東半島是拉鋸戰重點地區，常常有招募新兵的部隊輪番到農村裏招兵，一些年輕人為了給家裏省出一個人的口糧，減輕家裏的負擔，甚至還沒弄清楚是什麼隊伍就報名參軍了。那時的農村人分不清什麼國軍共軍，因此有的加入了國民黨部隊，有的碰巧趕上加入了共產黨部隊。我的哥哥振曆就加入了革命軍隊——八路軍。他當時只有十六歲，為了能報名參軍虛報了年齡。他參軍就能養活自己，還能夠自立。還有一個他難以吐露的原因：父親經常發脾氣，母親將愛轉移給我們兄妹倆，常使他感到在家裏被忽視了。對此，我一輩子都感到很內疚。幾十年過去了，每當我想起哥哥，都會難過而流淚。

1949 年 9 月，振曆在國共內戰中攻打牟平縣城時陣亡，那是解放戰爭中淮海戰役最後階段的一場戰鬥，離內戰結束、新中國成立只有幾個星期。當時他只有十七歲。記得有一天，村裏的幹部拿著一張紙來到家裏，對爸媽說了些什麼，媽媽突然大哭起來。後來，他們在我家大門框釘上一塊「光榮烈屬」的木牌子，換下原先那塊「光榮軍屬」的木牌。雖然我才九歲，似乎已經有點長大成人了，慢慢開始理解周圍發生的事情。有一件事我清楚地記得，春節時村幹部帶領人們敲鑼打鼓到我們家門口掛紅燈籠，而路對面那家參加蔣介石軍隊的人家則被掛上黑燈籠。這個地區已被毛澤東領導的部隊解放，所以才這麼做去羞辱那些「偽軍家屬」。我的父母與中國億萬普通百姓一樣始終處在社會底層，顧不上去專注什麼政治，只是維持著艱難的生活。

那時候，我必須幫助父親幹些農活，直到十歲才上小學。1949 年 10 月 1日新中國成立，我成為第一批戴上紅領巾的「中國少年先鋒隊隊員」。學校老師讓我們回家找媽媽縫製紅領巾，媽媽從一塊紅包袱布上剪下一角，縫製了一條，但那兩個尖角做得太短了，她又在那兩個角上各繡了三條紅線繩，看起來好像是長了一點，但戴起來總是覺得怪彆扭的。我加入了「共產主義少年先鋒隊」，其實什麼是共產主義，一點也不懂。

老師告訴我們，紅領巾是革命紅旗的一角，是革命烈士的鮮血染紅的。我心裏想：這紅色裏也有我哥哥的鮮血。

那時，中國與蘇聯的關係非常友好。1953 年，所有少先隊員都跟著大人們一起加入了一個組織——中蘇友好協會，並頒發了證書和一枚有毛澤東和約瑟夫·斯大林（Joseph Stalin）側面像的紅旗徽章。我至今還保留著1953 年發放貼有交納會費印花的證書和徽章，現在陳列在由樊建川先生創建的「李振盛攝影博物館」的玻璃櫃中。

　　我記得，當時有一句非常誘人的口號：「蘇聯的今天就是我們的明天。」大家都在企盼「明天」。

　　新中國成立後，父親決定從山東返回大連尋找工作，他沒有回到輪船上，而在大連海員療養院做廚師，重操他最拿手的舊業。像中國所有的父親一樣，他也在「望子成龍」，但「成龍」的唯一途徑就是讀書，而城市裏的學校比鄉下學校要好得多。因此兩年後，父親要我也離開老家出去讀書。我拿著鄉政府開具的「烈士子弟」通行證，一路順利地從煙台乘船到了大連，在那裏度過了小學和中學時光。當時，大連和旅順合起來叫旅大市，設有一個蘇聯的大型海軍基地──旅順軍港。街道上常見蘇聯軍官挎著「馬達姆」（蘇聯女人的統稱）逛街，趾高氣昂，中國人都躲著走。

　　父親住在單位裏一間單身宿舍，與一位燒鍋爐的高師傅同住。我剛到大連時只能寄居在姥姥家裏。不過每逢星期天，父親都會帶我看一場電影，然後找一家小飯館吃頓飯，晚上留在他的宿舍過夜，算是父子倆每週一次的親情團聚。當時的大連市有十幾家電影院，除放映一些國產影片之外，大量放映蘇聯、波蘭、匈牙利、民主德國及捷克斯洛伐克等東歐社會主義國家的電影，從來不放映美國電影。

　　我幼兒時期生活在膠東農村，根本沒有電影院能看到電影。偶爾在十多里外的有駐軍的瓦屋石村放映露天電影，周邊各村的人們都摸黑趕路前往，也有人雖拿著「電棒」（手電筒）卻怕費電池捨不得用。人們坐著或站著，銀幕被海風吹得搖來晃去，電影裏的人物也隨風不斷變形。就是這樣也很過癮，看完了再深一腳淺一腳摸黑回家。我總是跟著大人一起去看，心裏在想，什麼時候能坐在電影院裏看電影呢？還想像那從未見過的電影院，該是個啥模樣。

　　因此，到了大連以後至少每星期能看一場電影，對我來講是一種特別的享受。我非常喜歡電影這種新奇玩藝，甚至收藏每場電影的票根，並在小本

本上記下看過的影片名和國家。為了攢夠五分錢一張的學生電影票，我注意收集用完的鋁製牙膏皮，每個能賣三分錢。我甚至在刷牙時故意多擠牙膏，想更快用完拿去換錢。姥姥家七八口人共用一支牙膏，姥姥發現牙膏用得太快，十分生氣，大聲嚷嚷，我害怕了，再也不敢盯住牙膏皮。

實在沒錢買電影票，我就想出另一個辦法。當時的電影院外面通常安裝高音大喇叭，廣播正在放映電影的聲音，吸引觀眾進去看。電影院門前有一個宣傳櫥窗，張貼著正在放映電影的劇照。我買不起票時，便站在電影院外頭聽電影，一邊聽一邊猜想劇情，同時看著宣傳欄的劇照在腦海裏想像畫面，並在圖畫本上勾畫出畫面來。當電影結束時，便與進去看的同學核對比較實際內容，這無形中鍛鍊了我的構圖能力。

我的另一個愛好是畫畫，自童年時就喜歡，因此在念初中時，每星期有三個晚上到大連市群眾藝術館學習繪畫，一直堅持了三年，學完了初級班、中級班和高級班的全部課程。一家紡織廠的業務代表在學員作業展覽中看到我畫的二方連續圖案，便決定將我設計的圖案印在花布上，我的其他圖案也被採用了。甚至還有廠家用我的繪畫作為搪瓷臉盆的圖案。後來在大連師範學院附中讀高中時，校長讓我擔任校刊主編，還為學校出版的《學生作文選》設計了封面。每當我看到這些成果時，很有一種成就感：「這是我設計的」。那時我下決心要成為一名畫家。

1956年春天，物理老師在學校成立一個攝影愛好者小組。因為他知道我擅長畫畫，又喜歡攝影，便讓我擔任攝影小組組長。學校有一台捷克斯洛伐克製造的120型雙鏡頭反光相機，大家都可以用它。自此，我開始拍攝照片。

我最早對攝影產生興趣，是1955年在大連參觀蘇聯攝影藝術展覽時。之後我開始收集1956年莫斯科舉行的世界青年聯歡節寄回的明信片，大部分是美麗的風光照片。另外像之前說的，電影院外的海報和電影劇照也給我留下了很深的印象。

1956年秋，我們到大連郊外參加支農勞動修水庫，有一群兒童來到水庫工地上為我們慰問表演，小孩子打扮成小老頭和小老太，十分有趣。於是我拍攝了我的第一張紀實照片。這張照片被大連青泥窪橋一家照相館放在櫥窗裏陳列，這是我拍的照片第一次被公開展示，我高興極了。

我自小學五年級時開始愛好集郵，一直延續到讀大學時期。我中學時住校，在學生食堂吃飯。父親每月給我8元錢伙食費，讓我把錢用在

李氏家族合影，正中坐者為爺爺李杏村，後排從右至左第五個為李振盛（自拍，山東省榮成縣俚島鄉，1958年2月18日）

學校食堂吃飯，其中3元錢是買主食飯票，5元錢是買副食菜票，我常常用一罐鹹菜代替買炒菜，利用每月節省下來的一點錢買郵票，還與日本、印尼的郵友通信交換郵票。不久，我便收集了許多國家的郵票，我還專門收集藝術或文化類的主題郵票，其中有作家、詩人、畫家及名畫等。

　　大連最大的郵局勝利橋郵局那裏特設了一個集郵角落供郵友相互交換郵票，所有集郵愛好者都聚集在那裏。1956年秋天，我在「集郵角」遇到一位剛開始集郵的中年人，他很想要我的郵票，便主動提出用一台日本製造的拍6×4.5 cm畫面的老式120型相機作價38元錢，交換我的200張精美郵票。所以，我的第一台相機是用郵票交換得來的。

李振盛（右一）和指導老師及美術小組的同學在竣工的壁畫前合影（自拍，195□年10月1日，大連）

　　在當時的中國，擁有一台相機算是真正的奢侈品，而中學生就能有相機更是令人無法相信。遺憾的是我買不起膠卷。一個膠卷八毛錢，相當於我每月伙食費的十分之一。

　　不過，同學們知道我有一台相機，每個膠卷可以拍16張底片，他們也知道我的攝影技術不錯，常常請我為他們拍照。他們會幾個人湊錢買一個膠卷，讓我分別為他們拍集體或單人紀念照片。後來他們只拍15張，讓我使用其中的一張底片，算是我的酬勞。當我為他們拍照時，總是認真地講究構圖和用光，往往無法在一天，或在一個場景拍完一卷。因此，我會出去尋找創作機會，每當發現有趣的畫面，便會使用屬於我的那張底片拍照。

　　1957年寒假回山東老家過年，我用這台相機拍了一張生活紀實照片。我是借助窗外照進屋裏的一縷陽光拍的，爺爺和妹妹都坐在炕上看書，媽媽在為我縫補破襪子。我命題為《農家三代人》。三年後，這幅照片作為我報考長春電影學院攝影系提交的攝影作品之一，受到主考老師的好評。

　　1958年毛澤東發動了「大躍進」運動，那是一個激情燃燒的火紅年代。這年的國慶節前夕，我所在的大連六中美術小組，在嶺前街高高的牆壁上畫大躍進壁畫。我們畫了一艘五米高乘風破浪前進的龍船，風帆上寫著「多、快、好、省」四個大字，工人、農民和士兵在船上敲鑼打鼓歡呼超英趕美的豪邁目標，船尾有英美和蔣介石的兩艘小破船被遠遠甩在後邊，它們無奈地望著龍船興嘆。壁畫完成時正好是10月1日，我把三腳架支在馬路邊，按動自拍機，為我們美術小組成員自拍一張「壁畫竣工紀念」照片。隨著一幅又一幅大躍進壁畫竣工，我真的感到是為社會做出了一些貢獻。

1959年，我考取大連師範學院附中讀高中，這所學校坐落在星海公園附近的黑石礁。因為文章寫得好，而且會拍照，會畫畫，高一時就被校長指定擔任學校的校刊《學生園地》的主編。這些愛好並沒有影響到我的功課，在班上我是屬於學習成績最好的學生之一，還擔任班長。

我本打算高中畢業後報考瀋陽的魯迅美術學院，當一名畫家。之前從沒想過學電影攝影，因為那時在中國只有一所電影學院，而且在北京，非常難考。然而，在大躍進形勢的催生下，每個省份都要創辦一家電影製片廠，所以需要培養更多的電影藝術人才。1960年，文化部決定創辦兩所新的電影院校，依託長影和上影兩大電影製片廠辦學，一所是長春電影學院，一所是上海電影專科學校。

新創辦的長春電影學院，設置五個系：導演系、表演系、攝影系、美術系和文學系。他們決定在東北三省的哈爾濱、長春、瀋陽和大連設立四個考場，面向高中在校生、應屆畢業生和往屆畢業生，總共招生150人。儘管當時我只是高一學生，校長卻親自鼓勵我去參加考試，他認為我有藝術天分，肯定會考上。

當時我尚未完成高二和高三的課程，心裏沒底，但校長和老師都支持我參加考試，特地給了我一個星期突擊惡補高二高三的語文、物理、化學等相關課程。我自信語文沒有問題，就集中精力走馬觀花地瀏覽物理和化學課本，盡量了解與電影攝影有關的一切內容，還廣泛瀏覽一些藝術類的書籍。我決定參加考試。

大連考場碰巧設在我初中時曾上繪畫課的大連市群眾藝術館。報考人數據說有八百多人，但錄取名額總共才十幾個。攝影系僅有一個招生名額，竟有一百六十多名考生競爭。事後聽說高一學生就敢報考的只有我一人。

五個系的考試有分有合，共同課合在一起統考。所有考生擠坐在一個特別大的大廳裏筆試，黑板上寫的考題中有這麼一道：「史氏的著作你讀過

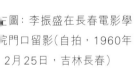

左圖：李振盛在長春電影學院門口留影（自拍，1960年2月25日，吉林長春）

左圖：周恩來視察長春電影製片廠時，要求參加歡迎的群眾不准帶相機等物品，李振盛私自帶一小相機偷拍了這張照片（1962年8月22日，長春）

嗎？它的主要內容是什麼？」有考生舉手提問：「史氏是誰？」監考老師問：「誰知道？」所有人沒有知道答案的。當我舉起手時，大家都十分驚訝。我回答：「斯坦尼斯拉夫斯基，蘇聯電影理論家」。「你讀過他的哪些著作？」我記得曾經在圖書館裏翻過斯坦尼斯拉夫斯基的一本書，只記得書名：「《演員的自我修養》，它的主內容是⋯⋯」老師馬上制止我說：「夠了，不必往下說了」。其實就是讓我再往下說，也說不出更多的了，但這足以贏得全場考生佩服的眼光。

報考電影攝影系，還要看考生是否能畫得好。招生老師讓我們畫石膏素描——幾個幾何體、一隻腳和一張臉。我曾在這個群眾藝術館裏學習繪畫三年，繪畫的功力終於派上了用場。我成為大連考區中令監考老師印象深刻的考生，結果攝影系和文學系都要錄取我，但我決定讀攝影系，夢想未來從電影攝影師轉為一名導演。於是我成了班裏24名來自東北三省學生中唯一的高一考生。可能老師掌握了我在中學一直擔任班長，有較強的組織能力，入學時就指定我擔任攝影系班長，後來每學期選舉班幹部時，我都被選為班長。

1958年開始的大躍進，最終卻是一場災難。1960年至1962年三年期間，中國經歷了前所未有的大饑荒，據說共有三千多萬人死亡。全國糧食十分短缺，我與其他人一樣，有時餓得直不起腰來，也有明顯的營養不良症狀。每次進長影大食堂按糧票份額吃完飯，走出食堂後總感到沒進過食堂一樣。有時也有剛出鍋增量法的發糕，被水注過變得很大，吃了照餓不誤。

但我的初戀女友孫培奎救了我。她是表演系學生，家在金縣，也是從大連考入長春電影學院的，算是老鄉。當我們倆在長影大院相遇時，她常常把節省下來的糧票偷偷塞給我。那是在艱難歲月裏第一次萌發的真正愛情。1962年夏天，我帶她到大連去見父親。有一天，我們去星海公園的海濱遊玩，我發現她不會游泳。我想教她，但她不讓我觸碰她。我只好租一個汽車內胎，讓她爬上去漂浮在水面上。

大躍進期間，中國一切都在膨脹和浮誇，國民經濟陷入癱瘓。由於全國出現大饑荒，黨的領導人意識到各條戰線必須調整與壓縮，提出了「調整、鞏固、充實、提高」的「八字方針」。因此，各省辦的電影製片廠紛紛關閉。1962年，文化部決定讓新創辦的長春和上海兩所電影院校下馬。原定的本科學制為四年，學三年專業課程，最後

李振盛的初戀女友孫培奎在電影宣傳欄前（1966年8月26日，哈爾濱）

一年畢業實習，由學生拍攝一部電影故事片。但這一切都變了，上級下達指
示，不再設置電影專業，攝影系學生轉為學新聞攝影。我作為攝影系班長，
一開始就佈置在教室後方張貼一條大標語：「把青春獻給黨的電影事業」。現
在，上級告訴我們再也無法學習電影專業。我們的電影夢就這樣碎了。

　　1962年8月，文化部電影局局長陳荒煤到長影視察工作。我們對電影學
院突然下馬心有不甘，我作為班長召集同學開會，推選出包括我在內的三個
人作為學生代表，想向陳局長表達我們仍想從事電影攝影的心願。但代院
長葉華一再勸阻我們。另外兩名學生代表比我年齡大五至八歲，都是從工
作崗位上考入大學的。其中的張雅心同學是全院唯一的黨員學生，擔任學
院團總支書記；另一同學李治元是攝影系團支部書記。他們二位都經歷了
1957年的反右派運動，深知這種上訪行為會招惹政治麻煩。最後，在我們
約定好的8月17日中午在教室集合，一起去長影小白樓招待所上訪陳局長
時，過了約定時間，他們並沒有出現，事後知道他們是藉故不出現。張雅
心說突然肚子痛去看醫生了；李治元是系裏唯一家在長春的學生，則說家裏
有事回去了。

　　而我並沒有直接參加過反右派運動，並不知曉向上級反映情況也會招來
政治風險，那天等不到他們，便單槍匹馬去上訪陳局長。陳荒煤局長實際上
相當開明。他接見並聽取了我反映的意見，勸說我們要顧全大局，並表示回
到北京後，會告訴新華社和有的電影廠，我們這些學生電影攝影的專業訓練
很扎實，能成為出色的新聞記者和電影攝影師。後來，新華社和農業電影製
片廠果真派人來了，兩家挑選了十八名畢業生中的九人。

1963年暑假前，一向對我很好的人事科吳莉科長說要告訴我一個並不算「秘密」的消息：「李振盛啊，你去年上訪陳荒煤局長的事起作用了，陳局長回北京向幾家用人單位推薦了攝影系畢業生，已有新華社和農影廠來挑選了九人，新華社選中包括你在內的五個人，人家要送你們到北京二外學一年英語，培養駐外記者。你就放心回大連休假吧，開學回來公佈名單，你就是新華社記者了。」這真個好消息，我興奮不已。當時還轉告了被農影選中趙立魁：「咱們要一起在北京工作了」。

　　但是，我卻與這個一生只有一次的好機會失之交臂。當時的代理院長葉華決定不讓我去新華社，因為我沒有聽她的勸阻而堅持去見陳局長，她把這定性為是搞「非組織活動」，不聽她的話就是「不聽黨的話」。她認為把我分到北京去當新華社記者，會讓黨組織不放心，便把我與家住哈爾濱並已分配到黑龍江省科委情報所的同學韓居策對調了。後來韓居策成為了新華社駐美國華盛頓特區記者。

　　可嘆的是，先前迴避去見陳局長的張雅心和李治元也都被選中當新華社記者，雖然我理解他們面對政治風險只是自保，但同為學生代表的我卻從此走上不同的道路。當時的我一肚子怨氣，但卻並不認命，堅信通過個人奮鬥，終將會重返北京。

　　我從長春乘火車北上哈爾濱，面對一座完全陌生的城市。省教育廳開介紹信讓我前去黑龍江省科委情報所報到，情報處處長誇誇其談地介紹資料翻拍員這份工作的許多好處，比如業餘可以學外文，經常會出差到外省，甚至可以去雲南。但他的一句話卻把我嚇住了：「一旦在這裏工作，永遠不可以調出去」。我問為什麼，他斬釘截鐵地說：「我們不能讓你腦子裏裝著情報離開呀！」我心裏想，所謂的「科技情報」就是外文圖書和外國雜誌，這算什麼情報！我想像這專門翻拍「死東西」的工作該是多麼無聊，便下樓到人事處去說，這與我所學的專業不符。人事處長同意我的看法，將我的檔案退回省教育廳重新分配。

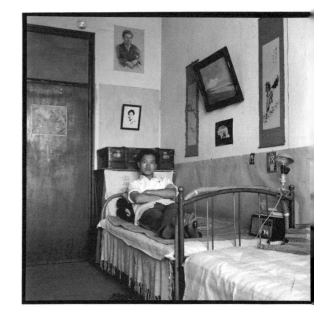

　　省教育廳一位好心的李處長說：「我們從沒見過返回第二次分配的。還是第一次遇到你說的『學以致用』的問題，經研究同意對你再次分配，但是接收單位要你自己去找，找到後我們可以再開分配函。」他提示我離省政府大樓不遠的省農業展覽館好像需要攝影人員。

　　於是，1963年那個酷熱的夏天，我在陌生的北國城市哈爾濱，獨自一人走上街頭自謀職業，

李振盛春節回山東老家探親時和父母、妹妹合照(自拍,1965年1月28日,俚島鄉小耩村)

如同今天的大學生登門求職一樣,這在當年的中國絕對是罕見的。

我先按照李處長的指點去找省農業展覽館,向王姓女館長說明來意,她問我檔案中有沒有什麼政治問題,我說只有一起「陳局長事件」。她聽我詳述了此事後說,向上級領導反映情況是很正常的事,算不上政治問題。她當場同意接收我,並說會分配給我一台德國造的祿來福來相機,很快會派我到紅色草原去拍養奶牛的照片。這讓我有點興奮起來,有奶牛就有養牛人,至少能拍到「活物」了。

我出了門又向人打聽哈爾濱日報社的地址,乘公共汽車到那裏,照樣自我介紹一番,他們一看我是學攝影的大學畢業生也同意要我。這一來更讓我興奮了,進報社就是記者了,總比拍奶牛更好一些。這時我又想:應當把目標定得更高,再到省報社去試試。

《黑龍江日報》是中共黑龍江省委機關報,通常簡稱為「省報」,是該省最大的報紙,可以在全省範圍內採訪。省報大樓坐落在著名的霽虹橋旁邊的高坡上,是哈爾濱市的地標建築之一。我一出市報社大門便直奔省報社去了。

到達黑龍江日報社後,人事科趙科長接待我,她說,我們從來沒有不看檔案就要人的先例。她問我檔案裏是否有什麼問題,我告訴她上訪陳荒煤的事,她說這不算什麼政治問題,越級上訪是每個公民的權力。然後她出去四五分鐘,回來時帶了一位有一對長壽眉的老人,這位長者讓我在他面前來回走一走,又在原地轉一圈,便和趙科長一起離開人事科辦公室。過了不到兩分鐘,趙科長回來說同意接收我了。

至此,已有三家單位同意接收我,而且哪一家都比那個一輩子只能翻拍死資料的情報所強。但一想到自己本該是新華社駐外記者就心有不甘,我想作最後一搏,又去打聽找到新華社黑龍江分社,心想能當個新華社分社的記者也行啊,反正不管總社還是分社記者,發稿署名一律是「新華社記者」。一位程姓社長對我是科班出身的條件很感興趣,說黑龍江分社也很需要年輕攝影記者,但是分社的人事調配權在總社,分社報上去不管批准或不批准,都需要兩個月左右。但是省教育廳只給大學畢業生一週的免費旅館,逾期要自己付費,那時的大學生不可能有錢付旅館費呀。無奈我只好讓新華社記者夢徹底破碎了。在最後期限內,我選擇了省報,完全靠毛遂自薦當上了黑龍江日報社的攝影記者。

跟趙科長熟悉了以後，我問她那天面試我的老人是誰，為何讓我走一走轉一轉給他看？她說那是咱們報社的總編輯趙揚。當時報社已有四位攝影記者，其中一位年紀最大的長得又高又瘦，被人稱為「電線桿」；另一位個頭不高卻很胖，肚子像皮球；其餘兩位個子比較矮，人們戲稱他們像捷克斯洛伐克電影《蓋克和丘克》中的一對矮兄弟。據說有一年春節，美術編輯以這四位攝影記者為原型畫了一幅賀年漫畫，一高一胖和兩個小矮人，每人胸前掛一個照相機，登在報上向讀者恭賀新春，一時成為趣話。

　　趙總編輯一直認為《黑龍江日報》時常要派攝影記者採訪外賓來訪活動和拍攝省委領導活動的圖片，他指示人事科要為報社尋找一名身高和形象都「拿得出手」的攝影記者。據趙科長事後說，老總編認為我是電影學院科班出身，會是一名像樣的攝影記者，而且從外形上來說，顯然符合他心目中的標準。

　　1963年8月15日，我開始在《黑龍江日報》工作。

　　報到的第一天晚上，我在日記中寫下了兩個誓言：一是「決不老死黑龍江！」，二是「不學英語照樣遊走世界！」。我堅信通過個人奮鬥，加上天助神佑，終將會實現我的誓言，重返北京，並力爭遊走世界。

在阿城縣阿什河鎮「萬人對敵鬥爭大會」上，李振盛挎著蘇聯製造的卓爾基相機和閃光燈，將雙鏡頭方箱相機擺放在自行車後座上自拍（自拍，1965年5月12日，阿城縣）

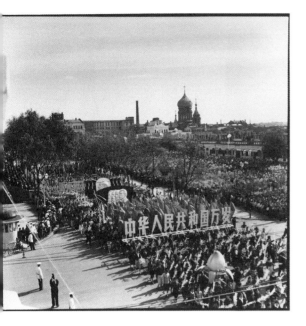

李振盛拍攝的國慶十四週
年哈爾濱群眾大遊行照片
（1963年10月1日，哈爾
濱）

1963年10月1日，攝影組全員出動一起參加採訪國慶節大遊行，老組長說要對我進行「傳、幫、帶」，讓我見識體會採訪大型活動的經驗。分配任務時，他們幾位資深記者都在慶祝集會的場內負責拍攝重要場景，讓我在場外拍攝一些花絮鏡頭。我心想這是在試探我的攝影水準呢，決不能甘居人後，一定要證明自己！

我爬上與主會場一街之隔的居民樓，遊行先導隊伍通過檢閱台剛剛走出會場，我不失時機地按下快門，拍攝了一張充滿國慶要素的照片，前景是歡慶國慶的巨大花車和壽桃，中景是歡樂的人群，遠景是哈爾濱地標索菲亞大教堂。

回到報社各位都沖洗放大出交稿照片，組長率領我們一起去交稿，由趙揚總編審稿出一版畫刊，照片雖然沒寫上拍攝者的名字，但我們都知道哪張是誰拍的。只見趙總編首先挑出我拍的那張大場面照片，老組長和資深記者不斷把他們的照片往總編眼前推送，我看到被選的照片裏有我拍的好幾張，站在旁邊乾著急，趕緊上前抽出兩張我的照片，總編不高興地瞅了我一眼。他哪裏會知道我這個「小字輩」的心理活動：頭一次集體採訪，選中我的照片多了並非好事，日後老記者對我「傳、幫、帶」的採訪機會可能就少了。

1963年，中央決定在全國農村開展社會主義教育運動（又稱「四清」運動），1964年10月中旬，報社奉省委之命，派出二十多人組成社教工作隊，到農村去了解農民的困苦。當時成千上萬人被送到農村，我屬於第一批社教隊員。

我們到達哈爾濱東南面25公里的阿城縣阿什河公社，從城市去農村的經歷的確很開眼界。當時的阿城縣很落後，那裏的農民生活完全不同。每天早晨，我們與民兵一起用帶有刺刀的老舊三八大蓋步槍進行軍事訓練，然後走訪貧苦農民家庭，聽他們回憶在舊社會所遭受的難苦，這叫「訪貧問苦」。

農民開始並不信任我們宣講的四清運動宗旨，儘管我們幫他們耕地和收割莊稼，並支付與他們一塊吃飯的飯錢和糧票，還在同一屋檐下同吃、同住、同勞動，但還是不大起作用。他們知道，我們最終會離開，一切將會照舊。

我與其他四個從省城來的中年人，被分到東環大隊第四小隊的一戶貧農家裏。我們睡在土坯炕上，在外屋的灶洞裏生火會燒暖火炕。

東北農舍的房間裏通常有兩鋪炕，朝南的比較暖和，留給房主家人使用。城裏來的社教隊員擠住在北炕上。幾個月也吃不到一點肉，如果菜裏能有一兩滴食用油星，那頓飯便算是很有味道了。

社教隊有紀律規定，但我們實在無法忍受這極艱苦的生活條件，我和幾個志同道合的朋友借進縣城辦事的機會，到食品店裏買些餅乾吃，甚至還偷偷下館子吃一頓飯解解饞。我們不會要價格高的菜，只是點兩三盤小菜，加上幾瓶啤酒，就算是開葷了。更為麻煩的是我還把相機支在窗台上，自拍了兩張我們喝酒划拳的照片。後來，社教隊領導偷看了我的日記，發現了下館子這件事，並看到了酒桌照片，這是「鐵證」啊。為此，我們做了深刻檢討。

四清運動時，李振盛（左一）和一起搞社教的朋友進縣城時下館子解饞，因違背了與農民「同吃、同住、同勞動」的原則而被批評（自拍，1965年4月25日，阿城縣）

在東環大隊第四隊的四十多名隊員面前，我批評自己有「資產階級思想」，之後，仔細聽取隊員有點誇張的批評發言，分析我的錯誤根源，批判我沒能堅守「三同」（同吃、同住、同勞動）的考驗。為了表示我接受批評，願意改造，我甚至還在會場記筆記。在會議結束時，我保證，「更加努力地學習毛主席的著作，永遠要聽黨的話」。

由於我的錯誤不屬於嚴重的敵我矛盾，那時，還沒有人喊口號，揮舞拳頭。但是，工作隊黨支部向黑龍江日報社領導彙報，說我違反了「三同」規定。後來社教總團為籌辦社會主義教育運動成果展覽館，把我抽調上去拍攝了兩個月照片，社教隊黨支部說我整天挎著照相機到處轉悠。因為這兩件事，當社教一年時間結束的時候，報社工作隊的人除我之外都返回報社去了。報社領導認為我沒有很好接受貧下中農的再教育，決定派我到哈爾濱東北面約100公里的巴彥縣安寧公社參加第二期社教運動。一直到1966年3月，我才回到報社重操舊業。

1964-1966 年

從 1963 年起，中國農村剛剛走出大饑荒，一場政治大風暴又降臨了，就是「社會主義教育運動」（俗稱「四清」運動，即「清工分、清賬目、清財物、清倉庫」）。對此中共中央宣稱：相當一部分政權已被蛻化變質的階級敵人竊取，必須把他們清除出去。雖然地主和富農自中共取得政權後就被視為帶有原罪，而被批鬥、剝奪，甚至肉體消滅，然而中共借「四清」向農民發出警告：老一代地、富雖然被打倒，新一代地、富仍然會產生。那樣一來，中國就可能重走資本主義道路，人民會吃二遍苦。

　　實際上，這場運動更像是文革的預演，為即將到來的無政府主義和階級鬥爭揭開序幕。文革中，毛主席將進一步深化革命，清算各路敵人，逐漸建立他唯一的崇高地位。

　　五年前，毛澤東已經退居二線。他發動的大躍進運動，試圖在短時間內快速提升中國的糧食和鋼鐵產量，並在全國普遍建立「人民公社」，結果卻出現了人類現代史上少有的巨大悲劇：餓死三千多萬災民的大饑荒。大躍進的徹底失敗，以及隨後出現的對他政策的批評，深深刺痛了毛澤東，他把對國民經濟和社會政治關係的全面調整工作交由國家主席劉少奇主持。劉少奇採取一系列發展經濟的措施，到了 1965 年底，中國的國民經濟得以恢復。但隨之而來的，是毛澤東威望的下降和公社力量的分散，全國部分地區出現了包產到戶和一些變相單幹的做法，這在毛澤東看來，是對他個人和意識形態的背叛與挑戰。

　　現在，這名年已七十歲的前游擊戰英雄要發動群眾力量，進行最後的搏擊。曾經，中華人民共和國誕生於他領導下的農民革命；現在，他下決心發動一場席捲全國的反對「修正主義」的運動——四清運動規模空前，幾十萬在校大學生暫停學業，由老師帶領，到農村參加四清工作隊。與此同時，城裏的黨政幹部組成工作組，來到農村公社開展階級鬥爭教育。這些城裏來的工作組和當地的公社領導人組織了對敵鬥爭會，公開批鬥地主、富農、反革命分子和壞分子這「四類分子」（簡稱地、富、反、壞）。大饑荒使上千萬中國人喪生，積累的民怨成為四清運動的內在動力。在 1966 年文化大革命正式爆發前的幾年間，這些批鬥活動逐步增多、升級，漸漸演變成一場揭發階級敵人的大規模運動。

合大隊第二隊的社教隊員在為社員群眾宣講中共中央的
雙十條」。四清運動隨著「雙十條」的宣講而大規模鋪開。

20 1965年2月27日，阿城縣料甸公社；3月25日，阿城縣阿什河公社

甸公社召開對敵鬥爭大會，批鬥被定為地主、富農、
革命分子和壞分子（簡稱為「四類分子」）的「階級敵人」
上）。阿什河公社南城大隊一位貧農女青年在對敵鬥爭大
上揭發「漏劃富農分子」張殿閣像《白毛女》中的黃世仁一
無理逼迫她父親按時還錢（右）。

群眾正在批鬥「漏劃富農分子」張殿閣，他被迫不准戴棉帽在寒風中低頭聽批判。

　　　　　　1965 年 3 月 25 日，阿城縣阿什河公社

　　人民公社，代表著現代歷史上最激進的社會試驗之一。中國的人民公
社化運動，是要把全國六億的農村人口，組織到兩萬多個自給自足的人民
公社中去，以取代傳統的家庭結構和宗族傳統。建社初期，人民公社大力
推行「組織軍事化、行動戰鬥化、生活集體化」的勞動組織方式和生活方
式。公社社員一起勞動，一起在公共食堂吃飯，「吃飯不要錢，老少盡開
顏；勞動更積極，幸福萬萬年」，這一度是當時對公社大食堂的理解。

　　　　　　　　　1965 年 3 月 27 日、28 日，阿城縣阿什河公社

環大隊黨支部書記胡文良
□做自我檢查(左)。第二
□大隊開會實行民主選舉制
□，群眾把生產隊的辦公
□抽屜糊一層紙充當投票箱
□右上)，投票選舉新隊委
□，由監票員唱票統計票數
□右下)。

　　隨著時間的推移，公社的權力被下放到生產大隊。生產大隊負責分配
成員的勞動任務和民兵的職責，在人民日常生活中地位舉足輕重，其幹部
都是從黨員中精心挑選出來的。

1965年4月16日、18日，阿城縣阿什河公社

民兵在訓練對敵鬥爭的本領（左）。女青年集體學習毛主席
著作，閱讀由共青團中央主辦的報紙《中國青年報》（右）。

1965 年 4 月 20 日，阿城縣阿什河公社

可什河公社平安大隊第二生產隊的社員在春播。

1965年4月28日、29日，阿城縣

四清運動是文化大革命的前奏,「批鬥會」是最常見的群眾參與形式。批鬥會上,被定為「四類分子」的人,會被朋友和鄰居甚至家人公開批鬥。「四類分子」們通常頭埋得很低,大氣不敢出,被迫表現出悔恨認罪的樣子。這種公開的批鬥會以「羞辱」為最重要的武器,為後來的文革花樣翻新的殘酷批鬥提供了模式和樣本。

　　對地、富、反、壞「四類分子」的批鬥會,由社教工作隊和公社領導負責組織,在勞動間歇或收工後召開,一般長達數小時,所有公社社員都必須參加。在思想動員和循循誘導下,農民開始互相揭短,藉著意識形態的名義,生搬硬造出各種理由控訴被批對象。被批鬥的人則會被逼迫去幹重活髒活,在中國高寒地區的東北黑龍江省,這樣的活包括挖凍土、刨大糞等。被認定為地主或者富農的人,財產還要被沒收。在文革爆發之前的兩年裏,在各地被沒收的「豪宅」——通常就是土坯草房——經常被改造建成「地主莊園」展覽館,陳列被沒收的「資產階級腐朽物證」,組織廣大農民參觀。

　　　　　　　　　1965年5月12日,阿城縣阿什河公社

可什河公社參加萬人對敵鬥爭大會的群眾高呼口號要「四類
分子」低頭認罪。

1965年5月12日，阿城縣阿什河公社

「扁劃富農分子」鄧國興在萬人對敵鬥爭大會上向廣大貧下
農低頭認罪，群眾熱烈鼓掌擁護政府對「階級敵人」的
決。

　　　　　　　1965 年 5 月 12 日，阿城縣阿什河公社

1965 年 5 月 12 日，阿城縣阿什河公社

富人對敵鬥爭大會上，一些老實巴交的農民被定為「四類分
子」，被押解到大會上接受群眾的批鬥（左）。袁鳳祥和鄧國
興二人在等待宣判（左）。

1965 年 5 月 12 日，阿城縣阿什河公社

大會主席團成員當場研究給袁鳳祥和鄧國興的判決（左）。

兩人被宣判勞動管制兩年，由武裝民兵持槍押出會場（右）。

在料甸公社召開的萬人對敵
鬥爭大會上，武裝基幹民兵
挎著沒有子彈的老式三八大
蓋槍在會場一角看押「四類
分子」。

　　　　　　1965年5月13日，阿城縣料甸公社

1965年5月13日，阿城縣阿什河公社

河城縣社教團在袁鳳祥家四間土坯草屋辦起了「地主莊園」
階級教育展覽館，組織全縣廣大農民前來參觀（右）。袁鳳
祥的家裏陳列著從別處搜羅來的一些奇裝異服和高檔生活
物品，充作他貪污的「贓物」（左）。

烈火大隊第二隊的社員在修建能夠積肥的豬圈（左）。第七
隊的社員在風雨來臨之際仍在大田裏鏟地（右）。

46　　　　　　　1965年5月14日、16日，阿城縣料甸公社

阿城鎮職工群眾在阿城中學操場上召開萬人對敵鬥爭大會。

　　　　　　　1965 年 5 月 21 日，阿城縣阿城鎮

「投機倒把分子」韓景山在大會上被宣佈逮捕，當場被兩名
警察扣上手銬押解出會場。

到了1964年，中華人民共和國已經成為國際上的一個主要大國，但同時也是世界上最封閉的國家之一。它在聯合國的席位被蔣介石的台灣牢牢佔據，還與兩個超級大國都關係緊張：美國是它意識形態上的敵人，也是蔣介石的支持者；蘇聯曾經是中國最有力的盟友，在赫魯曉夫 (Nikita Khrushchev) 1959年否決了毛澤東的前盟友斯大林後，卻變成它最大的威脅。面對蘇聯在其北方邊界不斷升級的軍事活動，以及美軍在越戰的膠著狀態，毛澤東的應對是組建一支龐大的數以千萬計的民兵隊伍。

黑龍江與蘇聯接壤，省內的重要城市多是在俄羅斯中東鐵路沿線發展起來的。1950年代中蘇關係處於蜜月期時，「向蘇聯老大哥學習」的口號響遍全國，黑龍江也是兩國友誼的見證。1960年代，隨著兩國關係的惡化，黑龍江省的烏蘇里江也成為兩國不時發生邊界衝突的地方。人民公社民兵在深山老林裏接受訓練，處於中國當時「反修防修」的最前線。

　　　　　1965年5月30日、6月27日，阿城縣

可城縣師範附小加強國防觀念教育，開展「紅色小民兵」活
動，小民兵們手持木頭槍在操練（左）。1965年6月27日，
可城繼電器廠基幹女民兵在訓練場上比武（中），基幹民兵
在阿什河中訓練武裝泅渡（右）。

1965年7月1日，阿城縣阿城鎮

可城縣文教系統在四清運動中發展的一批新黨員在黨旗和
毛澤東石膏像前舉行入黨宣誓儀式。

1960 年代初期，中國的國家宣傳機器全面發動，最終在文革時達到頂峰。大部分新出現的文化產物都只有一個目的：歌頌偉大領袖毛澤東。1963 年，一名普通的解放軍戰士雷鋒，在對毛澤東思想無限崇拜的日記被「發現」之後，被塑造成一名道德模範標兵，毛澤東親筆題字「向雷鋒同志學習」。到了 1965 年，各行各業都開始樹典型、立模範，部隊裏有英雄模範，農村裏有農業模範，工廠裏也有勞動模範，模範遍地開花。

　　在毛澤東和林彪的提倡下，《雷鋒日記》成為全軍上下每人必讀的書籍。林彪還推動了紅寶書《毛主席語錄》的出版發行。江青是毛澤東的第四任妻子，也曾在上海從事戲劇和電影表演，算是一個三流演員。在 1965 年，她策劃抨擊京劇《海瑞罷官》，揭開了文化大革命的序幕。報紙、電影、歌曲、舞蹈、詩歌、戲劇，種種文化形式普遍遭到懷疑、攻擊的同時，也成為發動革命的工具。

革命歌曲《大海航行靠舵手》的曲作者、哈爾濱歌劇院著名
演員王雙印被選為「榜樣」，在阿城縣搞社教時在田間地頭
為青年農民教唱革命歌曲。

　　　　　　　　　　　1965 年 7 月 2 日，阿城縣

在抗美援朝戰場上失去雙臂的一等革命殘廢軍人宋然浩，
以堅強的意志克服困難，做到和常人一樣參加生產勞動。
他被樹立為榜樣，在全縣社教隊員集訓大會上表演他的勞
動技能（左），也努力研讀《毛澤東選集》（右）。

　　　　1965 年 7 月 12 日，阿城縣阿城鎮

四清運動高潮中，阿城縣召開「首屆一次貧下中農代表大
會」，新當選的貧協領導成員走上主席台與代表見面。

黑龍江省歌舞團演出革命文藝節目《女民兵》。

　　　　　　1966 年 4 月 25 日，黑龍江省哈爾濱市

第二部分

1966年5月，文化大革命爆發了。

5月16日，中共中央做出決議通過〈中國共產黨中央委員會通知〉，這個被稱之為「五·一六通知」的文件，宣佈無產階級文化大革命開始了。

5月25日，北京大學聶元梓等七人貼出一張指責北京市委和北大黨委「破壞文化革命」的大字報，被毛澤東稱為「全國第一張馬列主義的大字報」。6月2日，《人民日報》全文刊登這張大字報，並發表評論員文章〈歡呼北大的一張大字報〉。那天晚上，我跟隨黑龍江日報社發放號外的卡車，沿途經過哈爾濱市中心、省委大樓、火車站和各大院校。所到之處，人們都很激動，他們的熱情是真實的。他們相信毛主席，相信他正在努力防止「黨變修，國變色」，相信我們正朝著繁榮富強的國家邁進。當毛主席指出「破舊立新」，每個人都有相同的感覺，認為「四舊」是應當破除的，相信這是一場正確的運動。

文革初期，我也十分興奮。如同中國億萬人民一樣，我也相信毛澤東，他是「具有反帝反修偉大戰略思想」的領袖。後來毛主席又說，這樣的文化大革命每隔七八年來一次。像我這樣的年輕人都覺得很幸運，才二十幾歲，這輩子能經歷好幾次這樣的大革命。毛主席曾經說過，「馬克思主義的道理千條萬緒，歸根結底，就是一句話：造反有理。」那年夏天，人民相信他所說的話。許多大學生暑假也沒有返家，而是留在學校裏鬧革命。

那是一個「紅衛兵」之夏。

紅衛兵運動是從基層自發起來的群眾造反運動，總的來說，是要推翻除了毛主席以外的所有權威。先是在北京的清華附中，然後在高中和各大院校。之後，迅速成立了成千上萬「造反派」的紅衛兵組織。他們與少先隊員或共產主義青年團不同，不受省裏的控制，毛澤東和黨中央正是通過支持與發動紅衛兵來開展這場史無前例的文化大革命的。

文革動亂初期，毛澤東在上海附近的杭州市靜觀。但當劉少奇派工作組到各大學，試圖將這場運動控制住之後，毛澤東回到北京，決定支持紅衛兵起來反對劉少奇。1966年8月5日，他發表了題為〈炮打司令部〉的大字報，明確提出黨中央有一個「資產階級司令部」，不點名地指責劉少奇。十三天之後，毛澤東佩戴著紅衛兵袖標出現在天安門城樓上接見百萬紅衛兵，給予這場革命富有象徵意義的肯定和支持。

星星之火可以燎原，造反運動突然燃燒成燎原大火。如同在全國各地一樣，在北方名城哈爾濱，每天都有重大的造反點火集會和聲勢浩大的遊行。大型體育場和體育館坐滿了造反群眾，有很多集會達到幾十萬人。一個星期之內，市裏的造反派瘋狂了。8月23日紅衛兵拆毀鏟平了位於市中心歷史悠久的俄國東正教木製的聖·尼古拉教堂，次日，他們洗劫了佛教名寺極樂寺。

我無法理解他們為何要這麼做，以「破四舊」
為名毀壞那麼多珍貴的文物。為什麼他們要將所
有的佛像砸碎，燒毀經書。他們甚至逼迫和尚們
扯起自辱門楣的橫幅，上面寫著：「什麼佛經，盡
放狗屁」。

搗毀極樂寺、批鬥和尚是那年夏天最令人難
忘的事件之一。當時，在場有好幾位各媒體的專
業攝影記者，包括《東北林業報》的資深攝影記者
張靖先生，我是這群記者中年齡最小的新手。我
正要拍和尚扯著橫幅的照片，張先生對我說：「小
李呀，應該拍他們低頭認罪的照片。」他上來命令
和尚放下橫幅，甚至揮手想將橫幅從他們手中打
掉，把那個「屁」字打碎了。我趕緊說：「老張啊，
等我拍一張你再讓他們放下標語拍吧。」我讓和尚
們扯起橫幅搶拍了兩張。作為學過電影的我來
說，深知沒什麼能比臉更具表達能力了。因此，
我讓和尚都抬起頭，目視前方。拍完之後，張先
生讓和尚們把橫幅放下以低頭認罪的姿勢拍照。
我心裏想，和尚低頭是一排圓圈連續的構圖，遠
沒有抬頭扯起標語的那張更具視覺衝擊力，而橫
幅上八個字對宗教文化的踐踏更令人震撼。

時隔兩天，哈爾濱有十萬人聚集在道外區人
民體育場（剛被造反派改名為「紅衛兵廣場」）舉行

這張紅衛兵攻佔並拆毀聖
尼古拉教堂的照片，是由兩
張底片拼接而成的（原片請
見本書第90–91頁）。

聲勢浩大的集會，這次活動組織得很有規模。現場拉上標語橫幅，高舉紅
旗，人山人海之中口號聲此起彼伏，不斷高呼「敬祝偉大的導師、偉大的領
袖、偉大的統帥、偉大的舵手毛主席萬歲！萬萬歲！」。大家高唱革命歌曲
《大海航行靠舵手》。接著，中共黑龍江省委第二書記兼省長李范五等一批
「走資本主義道路的當權派」被押到台上，掛著大牌子，一字排開，並低著
頭。然後，主席台上不斷有人一個接一個地發言，高音喇叭播放著他們刺耳
的聲音，每個人都詳細揭發被批鬥者的各種罪行。

在這些發言期間，有一名省委機關的紅衛兵悄悄地告訴我，他所屬的造
反派做出一個令人意想不到的策劃，他們將批鬥一名當時不在台上的人——
省委書記兼哈爾濱市委第一書記任仲夷。這場批鬥表現得像是臨時決定的一
樣：當一個造反者在發言中揭發「黑省委執行一條修正主義路線的罪行」時，
突然點到任仲夷的名字，事先安排好的一夥人立即高呼口號：「把黑幫分子

任仲夷揪出來！」造反派頭頭突然迫不及待地搶過麥克風高喊：「根據廣大革命群眾的強烈要求，大會主席團決定把黑幫分子任仲夷揪出來批鬥。」

當天，任仲夷臨時被從「牛棚」中拉出來，說是讓他與革命群眾一起去參加批鬥會接受教育，不在台上挨批鬥，而在台下與群眾坐在一起聽批判，這算是一種特殊的待遇。豈知這是一場預先策劃的陰謀。

聽到台上的吼叫聲，預先安排坐在任仲夷身邊的兩個大漢騰地站起來，將任仲夷揪到台上，觀眾開始高呼：「打倒黑幫分子任仲夷」，「打倒任仲夷！」。台上早已準備好一盆墨汁、一張摺疊椅、一個大牌子和一頂高帽，上面均寫著「黑幫分子任仲夷」。根據批鬥會的基本程序，被批鬥者先是掛上牌子，戴上高帽，然後用墨汁抹黑臉，被稱為抹「鬼臉」，並站在椅子上示眾。

他們專門為任仲夷準備一把木製摺疊椅，這種椅子很難站穩，如果沒有站在中間，稍往前站就會一頭栽倒，稍往後站則會使椅子摺疊起來，連人帶椅一起摔倒在地。因此，他小心翼翼保持平衡，站住了並沒有摔下來。紅衛兵們先給他掛上牌子，又拿來一米長的高帽要給他戴上，但帽口太小，紅衛兵只能使勁往他頭上扣，結果硬是給撐破了。另一名紅衛兵想出一個點子，在高帽子後邊拴一根繩子，逼著任仲夷把雙手背到後面，抓住繩子的另一頭，才使高帽沒有掉下來。

這時，紅衛兵端過來一臉盆臭哄哄的墨汁，擎到彎腰低頭的任仲夷面前，逼著他自己動手抹「鬼臉」。任仲夷一隻手在背後拉著高帽，另一隻手的兩個手指伸進墨汁盆裏，蘸滿氣味難聞的墨汁，往自己臉的左右兩側各塗抹了兩條黑道道，或許是覺得任仲夷自己塗抹的程度還不夠，還遠遠不像「黑鬼」的樣子，那個紅衛兵將臉盆高高舉起，對著任仲夷的臉使勁一抖，墨汁順著他的眼睛、鼻尖、嘴巴往下流淌，一直滴到水泥地上。又一個紅衛兵拿起一支飽蘸墨汁的毛筆，在任仲夷的白襯衫上寫了一行字：「打倒黑幫

李振盛將三張照片拼接成一張全景圖，記錄了紅衛兵在極樂寺門前批鬥和尚的場景（原片請見本書第92-93頁）

分子任仲夷！」大概覺得這樣還不夠過癮，乾脆端起剩下的半盆臭墨汁，扯起任仲夷的衣領，從後脖頸子灌進去。只見墨汁先是染黑了白襯衫，再穿過腰間順著雙腿流淌到腳下，灰藍色褲子從裏往外滲透出一道道的墨痕，最後從褲腳淌到水泥地上。

我當時使用的是黑白膠卷，拍攝出來的照片上也分不清是血，是淚，還是墨。

群眾集會的形式大致相同。被批鬥者通常被扣上「走資本主義道路當權派」、「反革命修正主義分子」、「黑幫分子」、「資本家」或「反動學術權威」等等罪名，所有這些主要罪行均與所擁有的權力或知識或財富有關。被批鬥者經常每天受不同造反組織的多次輪番批鬥，每個造反派都想證明自己比其他造反派更革命更造反，因此，被批鬥者最後被折磨得筋疲力盡，而且還要被關進所謂「牛棚」，連夜寫交代罪行的材料，以致有時被批鬥時都會打起盹來。

除了靠近批鬥台的那些人之外，大部分觀眾實際上看不清台上正發生的一切。發言結束後，有人帶領他們高呼口號。接著，這些「罪犯」被押到卡車上，在市內主要地區遊街示眾，沿途街道兩旁站滿人群。後來有人發明一種新奇的批鬥方式：被批鬥者沿著規定的路線自我遊街示眾，脖子上掛著大牌子，一邊走一邊敲鑼，還要喊出自己的「狗名」、「罪名」和「頭銜」。有些人必須整天這麼做，甚至需要自帶午飯。在某些特定地點請交通崗的警察在一個表格上簽字，以便證明他們走過了規定路線。

紅衛兵的這種惡毒發明是無止境的。1965年我在阿城縣農村搞社教運動時，曾拍攝到一位非常有名的京劇女演員雲燕銘在勞動的照片，她當時也是社教隊員。在文革期間，她被指責亂搞男女關係。這類婦女通常被稱作「破鞋」。在1966年夏天造反高潮期間，我好幾次在報社三層樓辦公室的窗口看到紅衛兵押著她遊街示眾，她被迫在脖子上掛著一串破鞋子，脖子上掛的大牌子上面寫著「我是大破鞋」，讓她自辱臉面。

我第一次看到紅衛兵真正打人也是在1966年8月，當時，他們在批鬥一些「走資本主義道路當權派」和房產主，其中包括黑龍江省長李范五。他們強迫這些被批鬥者低頭，高喊：「看一看這些吸血鬼！他們飯來張口，衣來伸手」。然後，他們開始打人。有一名紅衛兵用軍用皮帶頭抽打李范五。但對於李范五來說，他的遭遇比挨打更慘，他將被自家人摧毀尊嚴。

李范五在新中國成立之初，被定為六級的正部級高幹，奉命組建國家林業部，1958年被調到黑龍江省任職，由歐陽欽任省委第一書記，李范五任省委第二書記兼省長。文革開始後，周恩來為保護歐陽欽免遭迫害，安排他在北京空軍總醫院住院，李范五就成了紅衛兵的主要批鬥目標。他的下屬也陰

謀攻擊他，這些年輕幹部屬於省委和省政府的造反派。他們發現，省長在出差時常常與十幾歲的女兒同乘列車軟臥或同住一間房，便找省長的大女兒談話，邪惡地指控他們亂倫。這些造反派自己是否相信這種指控呢？可能不信。因為他們不敢讓這位女兒公開出場，而是寫了一份聲明讓她抄寫。她有兩個選擇：如果簽字，便能獲得當時青年人都極其渴望的參軍機會，有一個好前程；如果拒絕簽字，便會被打成「黑五類子女」，注銷城市戶口，被送到最艱苦的農村勞動改造，一輩子不准回城。

她權衡利弊，還是違心地在聲明上簽了字。

1966年9月4日，省委機關造反派在紅衛兵廣場召開「炮打司令部，揭發批判省委問題大會」。參加這次大會的有三十多萬人，光安排好會場秩序就花了相當長時間。李范五以及其他省委領導被押到台上，站到椅子上90度彎腰低頭。造反派宣讀了李范五女兒的揭發材料，然後將他的外甥女帶到台上揭發「罪行」。她才二十多歲，從小在姨父姨母家長大，所以知道他的許多家事。她也唸一篇由紅衛兵代為起草的發言稿，檢舉揭發姨父的兩條「嚴重罪行」：政治野心家和轉移貴重財物。

所謂「貴重財物」也在會場上展示了：三塊進口的舊手錶和兩枚胸針，還有省長出國訪問時，由蘇聯等「修正主義」國家贈送的兩個合成革手提包。省長擔心這些物品抄家被發現會惹麻煩，將它們交給外甥女保存，她卻交給紅衛兵當成「罪證」。我仔細看了這些手錶，一塊有破舊的錶帶，另一塊有一條普通的金屬錶帶，第三塊手錶連錶帶都沒有。至於政治野心，不幸的是，李范五的髮型酷似毛澤東。他曾在大連海濱照過一張相片，梳著大背頭的髮型，穿著一件風衣，面朝大海遠眺，看上去非常像毛主席在北戴河避暑勝地海濱照的一張相片。這張照片現在變成指控他是「大野心家」的證據。「戰友們，你們看他所留的髮型，同我們最最敬愛的偉大領袖毛主席的髮型一樣！多麼狂妄！是可忍，孰不可忍！」全場群眾義憤填膺地呼喊：「給他剃了！給他剃了！給他剃『鬼頭』！」

我正在體育場中心地帶抓拍群眾呼口號的照片，突然聽到高音喇叭傳出的聲音，立即向著主席台奔跑過去，搶先一步跑到李范五跟前，迅速搶拍了兩張照片，畫面背景是毛主席的畫像，將這兩個人的髮型作對照。我正在拍照的時候，一夥紅衛兵催促我，不要影響他們的「革命行動」。他們急不可耐，我稍一退後，幾個哈軍工（中國人民解放

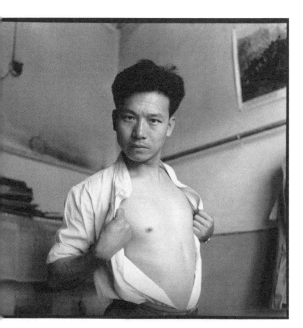

李振盛有感於自己學電影卻[未]能從事電影事業，便構[思]一個集電影四種職務（編[劇]、導演、演員、攝影）於[一]身的方案，自拍一張故作[英]雄狀的照片，過一把「電[影]癮」（自拍，1966年6月[1]5日，哈爾濱）

歌舞越看越有劲

省五好职工标兵 李学义

劲。特别是那些歌唱我们伟大的党、伟大的领袖毛主席的节目,更是台上唱得真挚,台下看得激动,有的时候,我们都忘记自己是观众,也跟着台上一起打拍子,一起唱起来,这些革命歌舞,我们真是越看越有劲。

过去,反党黑帮篡夺文化大权的时候,坏戏、坏书、坏电影、坏歌舞可真不少出。我们工人一看这些坏东西就能辨出味儿来,真是请我们去看,我们也不爱看。今年"哈尔

加演出了,可着地唱出了我们工农兵对党、对毛主席的无限热爱、无限信仰、无限崇拜的心意,唱出了我们对一切牛鬼蛇神的无比憎恨。

这次,嫩江、绥化、黑河演出队又把"哈尔滨之夏"音乐会的好节目送

到我们工人当中来,给我们很大鼓舞。我们决心更高地举起毛泽东思想伟大红旗,把无产阶级文化大革命进行到底,把社会主义革命进行到底,为实现第三个五年计划,把我国建设成一个强大的社会主义国家而奋斗!

向刘英俊同志学习

哈尔滨市滨江区东风公社长林大队社员 韦东义

那天,刘英俊同志生 农兵登上舞台,演出了热 毛主席最热爱",真是说

966年8月22日，李振盛
拍攝的一組「哈爾濱之夏音
樂會」的照片刊登在報紙上
（左上圖），當天紅衛兵卻包
圍報社聲稱發佈這組照片是
「反革命事件」。原來紅衛兵
拿報紙對著陽光透視著看，
發現音樂會照片中一桿紅旗
的箭頭正巧從下至上穿過了
背面報紙上的毛主席像（右
上圖及下圖）。李振盛差點
因此事被打成反革命。此
後，黑龍江日報社立即增設
透光台，透視檢查報紙大
樣。

軍軍事工程學院的簡稱）的紅衛兵就衝上前去，不由分說地把省長從椅子上拽下來，逼迫他雙手扶著椅背，一男一女兩個紅衛兵搶佔了最有利的位置，一左一右站在省長的兩側，另有一個站在省長身後，這幾人都是哈軍工「六五兵團」的大一學生。男的手拿一把理髮推子，女的兩手握著梳子和剪刀。

不等任何人發出號令，就立即行動起來了。女紅衛兵舉起右手的梳子，先把李省長在前額的長髮梳到頭頂，左手握著剪刀開始剪起來，男紅衛兵用推子在省長的頭上推了兩下，突然轉過身來使勁擰推子上的螺絲，故意把推子擰到不好使用的狀態。回身再推時，李省長的頭髮就被夾住不動了，他握著推子用力地往下一拽，頭髮便被硬生生地扯了下來。我靠近拍攝特寫鏡頭，能看到被扯下頭髮的根部滲出細小的血滴，兩個男紅衛兵見此情景在談笑著。不消幾分鐘，李省長原本的髮型不見了，變成了醜陋的「鬼頭」。另一名戴眼鏡的女紅衛兵，急忙搶到前面來，但已沒有頭髮可剪了。情急之下，為了表達「無產階級的義憤」，她便從地上抓起剪下的頭髮，拉起省長脖子後的衣領往裏面塞，最後把剩餘的頭髮都散亂地壓在他的肩膀上。

給省長剃完「鬼頭」，紅衛兵又逼迫他彎腰低頭站到椅子上，我又拍了一張他的照片，毛澤東畫像在背景中微笑。李范五省長犯忌的髮型消失了，但是他並沒有因此被摘掉「大野心家」和「黑幫分子」的帽子。他被誣指「亂倫」，一直沒有真正得到平反。文革結束後，他沒有官復原職，反而從黑龍江省長降到河北省林業局副局長。他也一直沒有原諒誣告他「亂倫」的大女兒，當她跪在面前哀求他，或在二十年後他臨死前，都沒有原諒。甚至在他的遺囑中，也不讓她出席追悼會。

在文化大革命前期的幾年間，他大約被批鬥過兩千多次。

我所在的《黑龍江日報》是省委機關報，紅衛兵對其抱有懷疑的態度，誣指是「幫助黑省委鎮壓群眾的打手」。在攻擊極樂寺的前一個星期，8月17日晚間，哈軍工和哈工大（哈爾濱工業大學的簡稱）的紅衛兵聚集到報社門前，與報社職工進行了一場激烈的辯論：「黑龍江省委是不是革命的？」我也和報社的人一起參加大辯論，雙方爭論不休，我還在現場用閃光燈拍照。這兩所大學是哈爾濱紅衛兵造反的發源地和溫床。哈軍工是黑龍江省最大的大學，許多中央高級幹部的子女 —— 包括毛澤東的侄子毛遠新都在該校上學。

四天之後，哈工大體育場舉行了一次批鬥省委書記的大會，攝影組長張戈率領我們三名攝影記者一起去採訪。當我們到場時，紅衛兵立即認出我們曾參加過「8.17大辯論」，說我們是黑省委派來的「黑探子」，認為我們拍的照片將會提供給省委用來秋後算賬整他們。因此，他們變得非常憤怒，將我們包圍住，揪到台前讓我們承認是被省委派來收集革命群眾的「黑材料」。

我們的老組長張戈，在新中國成立之前便是新聞攝影記者，早年在哈爾濱市第一中讀書時曾與省長李范五是同學。他被揪到台上去交代是不是「黑探子」，我們三人則站在台前示眾。我看到張戈在台上兩手各舉一台相機說：「我一輩子都在拍照片，如果你們讓我用相機為人民服務，我會盡力而為」之類的話。當紅衛兵意識到他們不會從他嘴裏得出什麼，便打開他的相機，將膠卷曝光，還險些沒收他的相機。我們站在台下的三個人，趁會場騷亂時趕緊收起相機，混入群眾中溜走了。

　　當時，《黑龍江日報》為每位攝影記者都配有一台135型的「徠卡M3」和一台120型的「祿來福來」相機。這兩台德國製造的相機非常昂貴，每台都值一兩千元。為了避免被紅衛兵以革命的名義砸毀或沒收，在那次事件之後，報社為我們每人買了一台上海仿「祿來福來」製造的「上海牌」相機，價值184元，讓我們在採訪紅衛兵造反集會或遊行中可能會瘋狂失控時使用，即使被砸壞或搶走，損失也會小些。在那次事件之後，每位攝影記者，尤其是資深攝影記者，都不願意去採訪亂哄哄的造反集會和遊行活動了。但是，我在攝影組裏是最年輕的「小字輩」，又是剛從學校畢業不久的「三門幹部」（指從家門到校門再到機關門），我需要不斷接受考驗。當時，以哈軍工為首的大專院校分化成觀點不同的三派造反組織：觀點激進的「紅色造反團」、觀點保守的「八八造反團」、相對中立的「東方紅造反團」。哈爾濱乃至黑龍江省整個社會都受哈軍工的影響，也分化為三大派，每派都經常召開造反大會，也都會要求省報派記者採訪報道。報社根據省委指示對三派要「一碗水端平」，不管哪一派開造反大會都要派記者去採訪。我們經過哈工大那場被揪鬥的「驚魂事件」，加上報紙已經取消記者署名，老記者再也不願去採訪造反集會了，凡是遇上這種事都會派到我頭上，還美其名曰給我鍛鍊的機會。

　　1930年代曾在延安拍過很多毛主席照片的吳印咸老師為我們講課時說過：「攝影記者不僅僅是歷史的見證人，還應當是歷史的記錄者」。因此我意識到，必須將這個動亂的時代記錄下來。我並不真正知道我正在做的事情是為了革命，還是為了自己，或是為了將來。我只知道照相機是記錄歷史最好的工具，要用手中的相機多記錄一些歷史的碎片。

　　報社每個月發給攝影記者15卷135膠卷和20卷120膠卷。到月底統計發稿量時，在報上每發表四幅照片，便能額外領到一卷135膠卷或兩卷120膠卷。為了用有限的膠卷多拍些照片，需要動腦筋想辦法，盡量提高拍照的「命中率」。我曾在家中做一件事：站在鏡子前，模仿呼喊各種口號，觀察口型。我注意到，呼喊「毛主席萬歲！」的口型幾乎是閉著嘴的，拍出照片不像是在喊口號；而呼喊「敬祝毛主席萬壽無疆！」結束時嘴巴是張開的，而且長達幾秒鐘，很適合於抓拍生動的照片。報紙不會採用每個人只舉起拳頭

而嘴巴都閉著的照片，需要看到他們在高呼口號的形象。尤其是在晚上拍照，常常產生很多廢片。有時遇到毛主席發表「最高指示」或中央發佈重要消息，報社馬上會加印「號外」，連夜派卡車到街上向群眾散發，當有許多人在爭搶撒向空中的號外，我站在卡車上拍照卻看不清夜色中人們的形象時，便會親自帶領群眾高呼「敬祝毛主席萬壽無疆！」。當人們喊到最後的「疆」字張開嘴時，舉起相機用閃光燈可連續「盲拍」兩三張，保證每張都是人物情緒飽滿的呼口號照片。

作為攝影記者，我既是新聞活動的採訪者，也是新聞活動的參與者。當我沒有在拍照片時，如果群眾在高呼口號，我也跟著高呼。如果每個人都舉起拳頭，我也舉起拳頭。群眾的革命熱情高漲，如果你不隨大流，他們很可能會認為你不夠革命。

在文革初期，報社經常派文字記者和攝影記者去採訪紅衛兵各種名目的造反點火大會，文字記者拿個小本本在一旁記錄一下，不顯山不露水，別人也不知他是幹啥的，回報社就寫稿發表了。攝影記者則特別顯眼，當你端起相機在現場尋找角度拍照時，常有紅衛兵上來質問你是幹啥的？如果掏出記者證，他們會說你是「黑省委派來的黑探子」，拍照片給黑省委秋後算賬用，

李振盛戴著他從印刷廠工人造反團借來的「赤衛隊」袖標自拍，1966年7月6日，哈爾濱）

輕者扯出膠卷曝光，重者砸毀或沒收相機。但我注意到，那些佩戴紅衛兵袖標的人能自由地拍照片，因此決定要得到一個紅袖標。文化大革命開始之後，報社成立了多個造反組織，其中編輯部裏的部分編輯記者成立了「紅色造反總隊」，印刷廠的工人成立了「紅色造反團」或「赤衛隊」等。我一再要求加入編輯部的紅色造反總隊，但他們說我「太保守」，我又要求加入印刷廠的造反團，他們說只接收產業工人，不要「臭老九」。我知道紅袖標勝過記者證，必須設法擁有「紅衛兵」袖標，才能完成攝影採訪任務。因此我有了個主意。1966年8月28日，我串連組織報社編輯部裏根紅苗正的五名男青年和一名女青年與我一同組成一個造反組織，他們是政教部編輯王家彬、體育記者劉文山、美術編輯楊詩糧和馬紹義、總編室編輯祖瑩俠和校對員邴迎年。其中兩人與我同宿舍。

我們開始只有七個人，不便稱作「造反團」，只好稱為「戰鬥隊」。當然，我們需要在名稱之前加上「紅色」，因此，最終決定將組織定名為「紅

色青年戰鬥隊」，其他成員推選我當隊長。我撰寫並張貼了「紅色青年戰鬥隊成立公告」後，立馬到街上去製作了帶有毛澤東手書「紅衛兵」字樣的紅袖標。之後，每當我左臂戴上它，便能暢通無阻地採訪各種造反大會，拍攝我想要拍的照片，而不會有任何人來阻撓。

文革期間，包括我本人在內的所有響應毛澤東「造反有理」號召的人，都試圖表現得比別人更革命，爭當造反者，不願意被視為不夠激進的「保守派」或「保皇派」。因此，不管是學校、工廠、農村、還是機關單位，凡是分化為兩個或兩個以上的造反組織，都胡吹自己是響噹噹的造反派，想把對方打倒就硬說他們是保守派或保皇派，惟有如此方能保護自己。

報社編輯部的「紅色造反總隊」先是不願意吸收我們參加，當我們自己成立了「紅色青年戰鬥隊」，並在「公告」開篇說「革命不要誰來批准誰，革命的路靠自己走」後，他們看了又極不高興，對我們很不滿。他們認為自己才是真正的紅色造反者。於是這兩個造反組織之間開始爭論誰才是真正的造反派，這場爭論一直持續到1967年年初。當時，為了解決該問題，雙方各派三名代表，我們乘火車前往北京「全國新聞界革命造反者總部」，這個總部是首都新聞界造反派奪了中華全國新聞工作者協會（全國記協）的大權之後成立的，我們兩派將這個問題交給他們斷定。

在聽取了我們兩派的辯論後，總部支持我們「紅色青年戰鬥隊」，認為我們才是真正的革命造反者；不用說，另一方「紅色造反總隊」自然就成為保守派。我立即跑到長安街上的電報大樓，給報社「紅色青年戰鬥隊」的戰友掛電話報喜：「我們贏了！」總部立即發給我們幾枚印有「紅色新聞兵」的袖標，上面的五個字是採用毛主席親筆書寫的手跡。我非常激動，回到報社後也沒有捨得戴它，把它當作珍品收藏起來，依然戴著原來的「紅衛兵」袖標。

五十多年過去了，今天，這個「紅色新聞兵」的袖標仍然嶄新如故，陳列在「李振盛攝影博物館」裏。它成為了這本書的書名。

李振盛在北京「全國新聞界革命造反者總部」得到的印有毛主席手書的「紅色新聞兵」袖標

1966年

1966年5月16日，毛澤東下達文件，正式宣佈開展「無產階級文化大革命」，清洗那些混入黨、政府、軍隊和社會各界中的資產階級代表人物。為此，毛澤東拋棄了四清運動那種由黨組織指導運動的固有模式，而是號召「踢開黨委鬧革命」，紅衛兵運動隨之興起。

　　5月25日，北京大學出現了全國第一張大字報，緊接著，清華大學附屬中學成立了第一個紅衛兵組織。在「誓死捍衛毛澤東思想、誓死捍衛無產階級專政」的熱情驅動下，紅衛兵運動在全國迅速蔓延，廣大學生紛紛在街頭貼出各類標語和手寫的大字報，同時舉行造反集會，攻擊老師和各種權威。鬥爭很快升級，黨和政府的領導人也受到了衝擊。國家主席劉少奇在請示毛主席的意見無果後，派工作組進駐各個學校，試圖恢復秩序。但是，在工作組壓制了校園暴力後，毛澤東指責工作組「一不會鬥、二不會改，起壞作用，阻礙運動」，並開展了對以劉少奇為首的「資產階級司令部」的攻擊，開始回歸權力中心。

　　1966年7月16日，73歲的毛澤東在長江上游泳，用兩個小時公開展示了他的體力，這也象徵著他還能掌控一切，顯示了他有能力有精力領導一次文化大革命。8月5日，毛澤東寫了〈炮打司令部——我的一張大字報〉，將劉少奇的問題公開化，正式開始還擊。隨後召開的八屆十一中全會開始批判劉少奇、鄧小平等主持中共中央日常工作的領導人。

966年6月1日夜晚，在官方廣播了5月25日北京大學聶
□梓的第一張大字報的消息後，黑龍江大學的師生們高舉
□重的石膏畫框鑲著的毛澤東像，走到大街上歡呼遊行。

1966年6月1日，哈爾濱

遊行的群眾高舉著毛澤東畫像與標語牌，歡呼慶祝毛主席8月10日第一次與革命群眾見面，並表示堅決支持開展文化大革命運動。

1966年8月12日，哈爾濱

1966年8月13日、16日，哈爾濱

1966年8月13日晚，哈爾濱市群眾連夜上街熱烈歡呼中
國共產黨八屆十一中全會公報發表，人們爭搶、揮舞《黑龍
江日報》的號外，高呼「毛主席萬歲」(左)。八屆十一中全
會通過了〈中國共產黨中央委員會關於無產階級文化大革命
的決議〉，提出要放手發動群眾參加文化大革命。

三天後，紅衛兵在哈爾濱街頭宣傳毛澤東「造反有理」的
「最高指示」，當眾把著名的馬迭爾飯店改名為「反修飯店」
(右)。

　　　　　　　　　　1966年8月24日，哈爾濱

舞台上演出的「造反文藝」。

1966年8月18日，毛澤東身穿軍裝站在天安門城樓上，接見了手揮「紅寶書」向他歡呼的百萬紅衛兵，紅衛兵代表宋彬彬（她曾在毛的建議下改名為「宋要武」）向他獻上紅衛兵袖章。毛澤東登上天安門這一姿態，表達了他對學生紅衛兵造反運動的大力支持。幾週之內，這一充滿象徵意味的舉動在中國大地產生巨大的影響，催生了千萬個不受任何人直接領導和約束的形形色色的群眾組織，以及遍及全國的大規模示威、批鬥、暴力運動。

　　在消滅舊思想、舊文化、舊風俗、舊習慣的「破四舊」旗幟下，紅衛兵衝出學校，走上街頭，以簡單、粗暴、蠻橫的行動打擊他們認定的「牛鬼蛇神」，使「打碎」、「火燒」、「砸爛」等口號和行為風行一時。「打倒一切牛鬼蛇神」的革命漩渦把每個人都翻捲進來，運動蔓延到全國。

　　在黑龍江，文革把潘復生推上了權力的高峰。1950年代，他曾出任河南省委書記，但因為反對大躍進中出現的浮誇風被撤職下放，後調任全國供銷合作總社主任、黨組書記。隨後，在1966年2月升任黑龍江省委第一書記。1966年8月底，在潘的支持下，紅衛兵在黑龍江省會哈爾濱組織了多次大規模集會，給街道、體育場、餐館改上富有革命色彩的新名字，抄家、抓人、揪鬥所謂的「敵人」。學校停課鬧革命，工礦企業停工停產鬧革命，農村寧可荒了田也照樣鬧革命，所有人都被要求參與到這場史無前例的文化大革命中來。

哈爾濱市紅衛兵召開「火燒東北局大會」，將造反的矛頭直
接指向中共中央的東北局機構。

中國人民解放軍軍事工程學院（因校址在哈爾濱，簡稱「哈
軍工」）紅色造反團的紅衛兵在街頭演唱毛澤東的《造反有
理》歌（左）。文革初期剛到任的黑龍江省委第一書記潘復生
臂戴「紅衛兵」袖標在紅衛兵造反點火大會上講話，支持他
們大造省委的反（右）。

　　　　　　　1966年8月22日、23日，哈爾濱

1966 年 8 月 23 日，哈爾濱

哈爾濱工業大學（簡稱「哈工大」）紅色造反團紅衛兵批鬥黑龍江省委主管文教工作的省委書記王一倫，逼迫他掛著「反革命修正主義分子」的黑牌子，長時間站在桌上彎腰低頭認罪。

紅衛兵聚集在哈爾濱地標建築聖・尼古拉大教堂前呼喊口
號，繼而攻佔並搗毀了教堂。

　　　　　　　1966 年 8 月 23 日，哈爾濱

在文革中，宗教淪為眾矢之的：寺廟和教堂被搗毀，經書和神像受褻瀆，宗教領袖遭批鬥。在1966年夏天的「破四舊」高潮中，哈爾濱擁有百年歷史的東正教聖‧尼古拉教堂在消防車和捲揚機的運作中轟然倒地；次日，這座城市著名的佛教聖地極樂寺也被洗劫一空。

哈軍工等院校的紅衛兵在哈爾濱極樂寺山門前集會，把和
尚們揪出來當眾批鬥，並徹底搗毀了這座中國北方的著名
廟宇。

　　　　　　　　1966 年 8 月 24 日，哈爾濱

1966 年 8 月 24 日，哈爾濱

紅衛兵逼迫極樂寺的和尚當眾扯起「什麼佛經，盡放狗屁」
的標語。

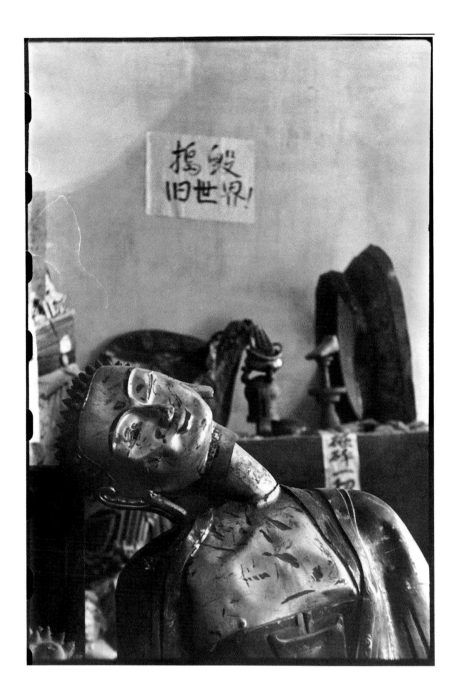

極樂寺的佛經全被燒毀，佛
像也被搗毀砸亂（左），一些
佛像臉上被打上黑叉，戴上
高帽從佛堂中搬到庭院裏展
覽示眾（右）。

　　　　　　　1966 年 8 月 24 日，哈爾濱

　　　　　　　　　　　1966年8月24日，哈爾濱

紅衛兵把極樂寺保存的珍貴
經卷和金身佛像都扔到火堆
裏燒毀。

　　　　　　　1966年8月25日，哈爾濱

黑龍江日報社的職工批鬥省委派駐報社的「文革工作組」組
長駱子程，指責他執行資產階級路線，壓制群眾運動。會
議室裏仍然掛著「毛、劉、周、朱、陳、林、鄧」七位領袖
像，但當時官方領導人的排名已經改變了。在文革期間，
這樣的排名變化發生過數次。

1966年8月底，批鬥會已經演變成為施虐與受虐的現場，供成千上百人參觀。被批鬥的人，被迫低頭彎腰，在凳子上一站就是數小時。他們臉塗墨水，頭戴高帽，胸前掛著沉重的牌子，牌子上的名字被重重打叉。批鬥會結束後，他們還要站在卡車後廂上遊街示眾。有些人被長期關入「牛棚」，被迫參加重體力勞動，只有開批鬥會的時候才會被押出來重複接受成百甚至上千次批鬥。

　　和中國其他地方一樣，紅衛兵在黑龍江省的主要批鬥對象是黨政幹部。隨著鬥爭的升級，批鬥的目標很快就對準了黑龍江的最高領導層：省委第二書記兼省長李范五，還有省委書記兼哈爾濱市委第一書記任仲夷。他們和其他幹部一起，在剛剛改名為「紅衛兵廣場」的哈爾濱人民體育場內被揪上批鬥台，安以莫須有的罪名，站在椅子上面對幾十萬群眾，接受狂熱的紅衛兵對他們精神和肉體上惡狠狠的雙重折磨。據任仲夷説，在文革的大小批鬥會上，總共被批鬥過兩千多次。

紅衛兵在批鬥中共黑龍江省委書記兼哈爾濱市委第一書記
任仲夷，逼迫他站在容易摔倒的摺疊椅上，給他戴上高帽
子，掛上大牌子，用黑墨汁塗抹「鬼臉」，並將墨汁灌入衣
領，一直流到腳下。

　　　　　　　　　　1966 年 8 月 29 日，哈爾濱

黑龍江省政府機關的造反派押著省委書記王一倫、省長李范五的夫人黎俠、副省長陳德京
王批鬥大會上繞場示眾。他們的臉和身上被灑上墨汁，掛著或舉著宣示罪行的牌子。

1966 年 8 月 29 日，哈爾濱

雨中批鬥王一倫、李范五
（左）以及省委書記、副省長
陳雷（右）。

　　除了被指控為「政治野心家」，李范五還被指控「轉移貴重財產」，其實就是交給他外甥女保存的幾塊手錶和訪蘇時被贈予的人造革提包。此外，他還被污衊與他的大女兒亂倫。大女兒被迫做出最艱難的選擇：若自己站出來揭發父親「亂倫」，便能獲准參軍謀一份好前程，反之，則會被定為「黑幫子女」送到鄉下去勞動改造永不能回城。最後，她不得已照抄了紅衛兵為她準備好的揭發材料，並簽上自己的名字。這是文革中典型的迫使骨肉相殘、親友反目的例子。

　　李范五髮型酷似毛澤東，曾身穿大衣在大連海濱拍了一張照片，很像毛澤東在北戴河拍的一張照片，便因此被指控是「政治野心家」。批鬥會上，全場群眾義憤填膺地喊：「給他剃鬼頭！」四名哈軍工的紅衛兵給他剃了頭。這名黑龍江省曾經最有權力的領導人，在文革期間慘遭批鬥，他堅強地活了下來，但至死都背著「亂倫」的污名，始終沒有得到真正的平反。

1966年9月12日，哈爾濱召開五十萬人參加的「炮打司令部」揭發批判省委問題大會」，由於李范五的髮型與毛澤東相似（左），被揭發為「大野心家」，當場被剃成了陰陽不分的「鬼頭」。他右邊的紅衛兵將理髮的推剪故意調成不好使用的狀態（右上），興奮地將李的頭髮硬扯下來（右中）。原先站在李身後的女紅衛兵在別人剃完「鬼頭」後，把剪下來的頭髮茬子塞進李的衣領裏（右下）。

1966年9月12日，哈爾濱

被剃「鬼頭」後，李范五被
迫彎腰站在椅子上示眾。

1966年9月12日，哈爾濱

批鬥會後，李范五、王一倫、陳雷以及哈爾濱市市長呂其
恩被大卡車拉著遊街示眾。

五十多萬群眾參加在紅衛兵廣場召開的「哈爾濱市革命群眾
活學活用毛主席著作講用會」。

　　　　　　　　1966年9月13日，哈爾濱

1966年9月19日，哈爾濱

1966年9月19日，哈爾濱
二十多萬群眾在紅衛兵廣場
召開「黑龍江省無產階級滅
資造反點火大會」，造反派
逼迫「反動透頂、拒絕改造
的大房產主」于滋文及其他
資本家自己搬椅子上台挨
鬥，會後再自己搬椅子
下台。

與會的紅衛兵把抄家沒收的資本家的股息、證券、房產
證、銀行存摺等合法財產證明當場澆上汽油點燃燒掉（左）。

1966年10月1日，是文革爆發後第一個國慶節，哈爾濱
市的小學生們肩扛紅纓槍，臂帶「紅衛兵」袖章參加國慶遊
行（右）。

　　　　　1966年9月19日、10月1日，哈爾濱

1966年10月5日，北京

從1966年8月到11月之間，毛澤東在天安門城樓上先後八次接見紅衛兵一千一百多萬，使文革的火焰越燃越旺。中共中央、國務院的文件規定，凡參加革命大串連的紅衛兵，可以免費乘火車和提供食宿。全國各地紅衛兵紛紛加入大串連，以革命的名義到處遊山玩水。他們身著綠軍裝，臂戴紅袖章，手持紅寶書，在天安門廣場上跳起忠字舞，高唱《大海航行靠舵手》和《東方紅》等革命歌曲，有時為了見上「偉大領袖」一面，一等就是數個星期。

北京天安門廣場上，哈軍工紅色造反團「毛澤東思想宣傳隊」在表演忠字舞。周圍全是聚集在廣場上等待毛主席接見的各地紅衛兵們。

一名紅衛兵在北京街頭表演歌頌「紅太陽」毛澤東的「忠字
舞」。

　　　　　　　1966年10月18日，北京

第三部分

1966年9月底，我到北京採訪紅衛兵「大串連」以及毛主席第五次檢閱紅衛兵。那年8月至11月間，毛澤東先後八次檢閱了一千一百多萬紅衛兵。這是第五次，也是迄今為止規模最大的一次，一百五十多萬名紅衛兵從全國各地匯聚到首都北京——「世界革命的中心」，為了能見到偉大舵手和紅衛兵的總司令，見到「億萬人民心中最紅最紅的紅太陽」。

我與哈軍工的紅色造反團一起來到北京。整個旅行安排，包括食宿和交通全由國家免費提供。我們乘坐擁擠不堪的專列從哈爾濱直達北京，到達之後，紅衛兵都睡在幾所中學裏，用課桌臨時搭成床鋪，我和來自《黑龍江日報》的記者住在天安門廣場南邊的前門大柵欄的一家小旅館。

國慶節過後，紅衛兵日夜在廣場上盼望毛主席的再次出現。他們知道毛主席很快會接見他們，但不知何時。毛主席接見紅衛兵的消息始終是保密的，直到最後一刻才宣佈。在等待期間，熱情的紅衛兵在天安門廣場發表演講，宣傳毛澤東思想，高唱革命歌曲，並不停地跳「忠字舞」。

終於，在10月17日夜晚，高音喇叭宣佈毛主席將在第二天接見紅衛兵。聽到消息時，人群一陣激動，大家幾乎整夜沒睡，在一起慶祝歡呼。我也十分激動，只睡一兩個小時。凌晨時，我們坐上卡車，被帶到天安門廣場以西的復興路上。大家在那裏排成方陣等待，十分守紀律。上級要求我們要保證能夠認識周圍的人，並在發現陌生人時向上彙報。我們等了很久，從夜色茫茫的凌晨，一直等到太陽當頂。午後一點多鐘，我們聽到前方爆發出一片激動的歡呼聲，人們不斷高喊：「毛主席萬歲！」

這是我平生第一次有機會拍到毛主席，機會難得，總想多拍幾張好照

澤東第五次接見紅衛兵，李振盛（中）和新華社同學李治元（左二）及《黑龍江日報》的同事在天安門廣場上採訪紅衛兵跳「忠字舞」（劉文山攝，1966年10月20日，北京）

片。為此，我曾帶著相機來到天安門前做拍攝測試，用135相機鏡頭對準長安街迎面開來的汽車，假設它就是毛主席乘坐的檢閱車，想試驗從看到這輛汽車那一瞬間開始，直到汽車從面前駛過，能夠拍到幾張照片。測試結果可拍三至五張。我想，其中至少能拍到一張好畫面，能捕捉到報紙和新聞紀錄片常見的「毛主席滿面紅光，神采奕奕的光輝形象」。然而，當我在取景器中看到毛主席乘坐的敞篷吉普車經過時，我十分驚訝。紅衛兵激動得熱淚盈眶，在道路兩旁歡呼，但我並沒有看到「滿面紅光，神采奕奕」的光輝形象。毛主席既沒有揮手，也沒有微笑，而是目視前方，面無表情，雙手作鼓掌狀，好像正在拍掌，其實並沒有。

我拍照一向講究要抓拍到最佳的瞬間，獲得完美的構圖。我一直在等待出現「毛主席神采奕奕，不斷向群眾招手」的畫面，但是他乘坐的吉普車開得非常快，如果不盡快按下快門，就拍不到他的照片了。因此，我趕緊按下了快門，只拍到一張，還不是「理想」的畫面。

這是我第一次，也是最後一次親眼見到毛澤東本人。

1960年代初文革之前，人們已開始學習毛主席著作。我在文化大革命剛開始時，也認真學習毛主席著作，認為其中的一些文章講得很有道理。他總是要使自己顯得更為強大，更加完善，傲視群雄。如果他無法直接達到目的，則會試圖間接達到。中國有句成語：「異想天開」，正是他的寫照。這也是在兵力和裝備都不如國民黨軍隊的情況下，他仍能將他們打敗的原因。蔣介石曾認為，他能在三個月內徹底消滅中共，但毛澤東敢想敢幹，制訂了長遠的戰略目標——建立新中國。

文革開始後，人們將毛主席捧為「神」，他所說的話都至高無上。這是當時的社會氣候，毛澤東不僅是領袖，還是人民的大救星。大家相信毛主席所說的一切，或者至少假裝相信他所說的一切。他的「指示」是神聖的，需要盲目地不折不扣地接受，而不論你是否真的理解。正如副統帥和「紅寶書」的推手林彪所說：「毛主席是天才……他的話一句頂一萬句。」但是，如果你看到我所拍的照片，便會發現，我已開始對周圍發生的事有一些自己的判斷。例如，當我拍攝人們將「毛主席語錄」變成歌曲，並熱情地演唱時，我在有意無意之中試著尋找一種角度或構圖，來表現我認為這一切已開始有些瘋狂。

當時，修改新聞照片是為了配合政治的需要。我曾經拍攝過一張「五七戰士與貧農老大娘學毛選」的照片，背景牆上有一張毛主席像。由於焦點對準前邊的兩個人物，前景清晰，背景的毛主席像則有點虛。因為人們對於偉大舵手的崇拜，凡是毛主席像模糊的照片是不會見報的。我交稿時正趕上進

一位舞蹈演員從柳河五七幹校來到慶安縣新生公社，與貧下中農老大娘一起學習毛主席著作（1969年11月4日）。由於這張照片背景牆上的毛主席像是模糊的（左），在見報前，李振盛不得不將原圖做一些處理，換上了清晰的毛主席像（右）。

為了適應政治正確的需要，李振盛重新修改了這張新聞照片：為了抹去了擋在毛主席畫像前高舉的拳頭，將黑色畫框塗成白色的；還將擋住標語前的小旗抹去，並重新描摹了被擋住的文字（原圖請見第78-79頁）。

駐報社的「毛澤東思想工人宣傳隊」楊隊長在場，她看了看照片說：「虛啥也不能虛毛主席呀！」我趕緊解釋這種虛實關係是景深原理。這位權力比總編輯還要大的隊長有點不耐煩地說：「說話做事都要講政治，把毛主席弄虛了，就是最大的政治問題！」在場的副總編也不好說啥，就勸我想法子把照片處理一下。我明白他們的意思，回到攝影組從辦公桌玻璃板下挑選一張清晰的毛主席像，貼在模糊的那張上面，再用毛筆把黑暗背景塗抹成灰色，這樣就可以見報了。

還有更不合邏輯的例子。一次我在露天體育場裏從背後拍攝群眾集會的大場面，畫面上看不到毛主席的肖像，只能看到木框的背面。最後編輯要我選一些毛主席肖像貼到木框背後，儘管這不符合透視法則，而且這些毛主席像的朝向都是錯誤的。

我曾多次親自動手修改新聞照片，實際上，我還相當在行。在我辦公桌上的一塊玻璃板下有幾十張各種尺寸的毛主席肖像，隨時可以用於修改新聞照片。在中學時曾業餘學過三年美術的訓練真的幫了我的忙，例如，我需要將被擋住的標語口號全都在照片上塗寫出來，或者在群眾喊「毛主席萬歲」時高舉的拳頭看上去像是打到偉大領袖臉上時，用繪畫技法把拳頭修掉。

1967年年初，我從北京帶著「紅色新聞兵」紅袖標返回哈爾濱之後，「上海工人革命造反總司令部」推翻了市委和市政府。這個先鋒的事件被稱作「一月風暴」，接著，這場風暴席捲全中國。1月10日，哈軍工和哈爾濱師範學院的紅衛兵接管了報社。第二天，報紙沒有出版發行，之後的五天裏，只出

李振盛（右）與同學劉歧
在哈爾濱北方大廈廣場採
訪「黑龍江省紅色造反者革
命委員會」成立大會後，
在返回報社的路上（王志
攝，1967年1月31日，哈
爾濱）

版《新華社電訊稿》，沒有任何地方消息，也沒有由毛澤東親筆題寫的「黑龍江日報」的報頭，日常編輯事務由還沒有被打倒的副總編管理。紅衛兵在報社尋找一個能與他們合作的造反派組織，最後選擇了由我們「紅色青年戰鬥隊」領頭的「紅色造反團」，因為毛主席曾說過「真理往往在少數人手裏」，而我們開始只有七個人，並且我們較年輕，根紅苗正，比人多勢眾的「紅色造反總隊」更單純。再加上我們在北京的大辯論中剛剛被認定是「真正的革命造反派」，更加深了紅衛兵對我們的信任。

當初，我發起成立「紅色青年戰鬥隊」的主要目的是為了得到紅袖標，以便採訪紅衛兵造反活動，就我個人來說這是十分單純的想法。但我突然發現自己處在造反前沿，而且我們不願被「紅色造反總隊」劃歸為「保守派」。於是，我們貼出了一張大字報，批判報社和總編趙揚採取修正主義辦報路線。然後舉行批鬥會，清除「資產階級黑線」，這種「黑線」被認為在文藝界和新聞界尤為盛行。在爆發文革之前，總編有一輛漂亮的小轎車，俄國的「伏爾加」牌，而且有一名專職司機。其他副總編輯合用一輛波蘭製造的「華沙」牌轎車，他們都住在大房子裏。然而，作為省報的「走資派」被打倒之後，他們必須搬到較小的房子裏住，並與我們一樣坐大巴車上下班。他們原先的大房子也被分給兩三戶職工居住。

報社批鬥會是在一樓大會議室中進行的。我在那裏主持過對趙揚總編的批鬥會，他就是三年前我初到省報自薦謀職時，讓我前後來回走動給他看的那位老人。批鬥會之後他是否對我不滿？如果有的話，也是非常微妙的。後來，他曾對包括我妻子在內的其他人說過，反正他必定會被報社各

造反派輪番批鬥，他倒希望在由我主持的大會上挨批，至少我是一個理性的主持人，能夠「按照政策辦事」。他的意思是說，在我主持的批鬥會中，沒有發生過武鬥，沒有打人，當人們變得過於激動並開始叫喊：「將某某人也揪出來陪鬥」時，我總是維持秩序並設法制止動手。相反地，代表工人的造反派要激烈得多。這些印刷廠的工人和車隊司機佔報社工作人員的三分之二，他們會將被批鬥者的頭狠狠按下，逼迫被鬥者彎腰低頭。而我主持會議時只是說「低頭」，並制止強迫行為。這正是我們這一派最終被當成保守派打倒的原因之一。

1967年1月某天晚間，與我同宿舍的一名「紅色青年戰鬥隊」的成員邴迎年，上氣不接下氣地跑上三樓來找我，說「『工人紅色造反團』衝進編輯部，正在二樓小會議室批鬥文藝編輯陸偉然！他們策劃在批鬥中把老陸從高台上摔下來」。

當邴迎年陪我到批鬥現場時，我看到陸偉然正站在桌子上放的一把椅子上，頭幾乎要頂到天花板。十幾名工人在一個外號叫「紅鬍子」的頭頭的帶領下，逼迫他交代罪行。他所站立的椅子腿上拴著一根很長的繩子，繩子另一頭握在站在牆角的一個工人手中，身邊就是電燈開關，準備隨時關燈在黑暗中將他拉倒摔下來。他的罪行是什麼呢？他是一位很有點名氣的詩人。但是，通常沒有太多文化的工人無法真正理解他的詩歌，便視它們為「反動」。

陸偉然看到我到場了，小聲哀求說：「振盛啊，快救救我吧。」

我知道必須十分小心地處理，一方面要幫助他脫離險境，同時又不能打擊工人的「革命積極性」。所以我對他大聲喊道：「陸偉然，你是不是承認你的詩是反動的？」

他低聲地說：「是的」。

我又故意向他大吼：「我聽不見你說的話！」他的眼裏閃出恐懼的目光。

「陸偉然，你下來直接向革命群眾交代罪行！」

他明白了我的用意，便大聲說：「是的，我一定好好交代罪行！」聲音都在顫抖。

隨後，我鼓勵紅色造反團的工人要狠狠批判他的反動詩歌，把他批倒批臭。我心想只要不用陰招傷害他，怎麼批都行。工人們對我的提議表示贊成，同時情緒也變得不那麼激烈了。我便故作嚴肅地命令陸偉然下來，我也

站在一旁聽工人們批判。説實話，這些工人未必能讀懂老陸的詩，當真讓他們批判時，並無更多的話好説，揮拳喊一陣「打倒陸偉然」的口號就草草結束了。其實，「紅鬍子」率領的工人是以批鬥「反動詩人」為名，行變相武鬥之實，以此表明工人階級堅定的「造反精神」。

第二天，老陸在攝影組沖膠卷專用的小暗房裏，帶著哭腔對我説：「振盛啊，昨晚要是沒有你機智救我，那可就慘了……」

1967年1月10日，黑龍江日報社由哈軍工、哈工大、哈爾濱師範學院高校紅衛兵強行接管，成立了「黑龍江日報紅色造反者革命委員會」，由哈軍工紅色造反團青年教師吳兆基任班長，並由六名成員組成的「革命委員會常務委員會」負責報社的事務。常委會成員包括一名汽車修理工、兩名大學生紅衛兵、兩名編輯和我。常委分工時，由吳兆基擔任主任，最初讓我和汽車修理工楊敏堂擔任副主任，我想要是當上副主任就沒有時間外出採訪拍照了，便全力推薦財貿部編輯王雪亮當副主任。我主動選擇擔任革委會辦公室主任，辦公室裏有兩名秘書，掌管革命委員會的公章。我從一名普通記者變成掌權者，一時很有點洋洋得意的感覺。當我想出去採訪拍照時，辦公室裏便有秘書堅守崗位。因此，我從1967年1月擔任報社革委會常委兼辦公室主

李振盛在報社革委會牌匾前（董繼剛攝，1967年6月日）

131

任，到1968年春天被「支左小將」打倒的一年多時間裏，基本上沒有影響拍攝照片。用當時的話就叫「革命生產兩不誤」。

1967年1月31日，黑龍江成為全國第一個以「黑龍江省紅色造反者革命委員會」（後更名為「黑龍江省革命委員會」）取代省委省人委的省份。這天我在哈爾濱北方大廈廣場奪權誓師大會現場拍照片，當時尚未被打倒的中共中央東北局第一書記宋任窮，專程從瀋陽趕到哈爾濱發表講話，堅定支持紅色造反者大奪權。《人民日報》為黑龍江省奪權勝利發表〈東北的新曙光〉社論。1968年4月，黑龍江省革命委員會派四名解放軍代表進駐報社，軍代表王志民取代吳兆基被任命為革命委員會主任。

作為革命委員會成員，我試圖不採用殘忍的方式履行職責。有一天，有位羅姓職工來辦公室找我，請求報社能夠出具一張證明信證明他在報社工作，以便他的妻子能找一份臨時性工作。她正在申請街道辦事處的工作，這份在冬季露天燒開水的苦差事每月能賺18元錢，可補貼家用。而羅在1957年反右運動中曾被錯劃為右派分子，送去勞動改造。我讓王秘書給他開一張證明信，其中提到他是「摘帽右派」。羅看到介紹信後來找我說，如果信中提到這一點，他妻子便無法獲得這份工作。我立即將這句話劃掉，並要求王秘書重寫一張介紹信。事後，老羅高興地告訴我他妻子找到了這份工作，儘管受凍，但家庭經濟有所緩和。

我並不是說自己有多麼崇高，只是有一些同情心而已。我是造反派成員，但我沒有打過任何人，反而是被別人打了；我也沒有抄過別人的家，但最終自己家卻被抄了。

文革中，與所有心懷恐懼感的人們一樣，我將一些「令人懷疑」的物品藏起來，包括《普希金愛情詩集》和《徐悲鴻畫集》（文革期間他畫的裸體畫遭到批判）。我在將「負面」底片埋藏地板下邊時，同時將印有西班牙畫家戈雅（Francisco Goya）的名畫《裸體的瑪哈》三張一套的郵票，還有兩枚有袁世凱頭像和孫中山頭像的銀圓，都埋在地板底下。那時大家從外表看都很革命，在跟著政治潮流走，但從內心深處來看又是另一回事，各自有各自的想法。

與平常時期一樣，在政治運動中，人們也照常會經歷愛情。

我的初戀女友孫培奎最終決定不當演員，而是去另一所大學讀中文。畢業後，她被分配到吉林省四平市郊區一所中學教書，後來被選為省、市的模範教師。但在文革期間，她在紡織廠做女工的母親竟被誣為「地主婆」而遭抄家，42歲的她為避免第二天遊街批鬥的折磨與羞辱，便想在廂房裏上吊自殺，而中途繩子斷了，她摔倒在地，昏迷之中意識到身上唯一貴重的物品是一塊舊手錶，應當留給心愛的女兒。她艱難地爬到同院鄰居家的窗前，把

李振盛本想與女友孫培奎自拍一張合影，但她認為沒結婚不能合影，於是李以為她拍攝鏡中照為名，拍了這張照片（1967年5月2日，吉林四平）

這塊手錶放在窗台上，然後一頭撞在院內廁所的石頭牆上自盡了。

文革期間，有無數的人為了維護做人的尊嚴而毅然選擇了自殺，他們是高尚和勇敢的人。但在當時，凡是自殺的人都被視為「自絕於人民，自絕於黨」。一夜之間，培奎的生活徹底改變了。她遭到批判，說她是「地主狗崽仔」、「混入教師隊伍」、「假模範」，並讓她去參加「毛澤東思想學習班」，一面接受調查，一面花大量時間學習毛主席著作。她的單身宿舍平房被搗毀，被迫暫時借住在電影學院表演系同班同學霍大姐家，與他們夫婦一起睡在僅有的一鋪小炕上。

令人啼笑皆非的是，後來才知道她並不是親生的，而是一個被領養的小女孩。據鄰居傳說，日本戰敗後撤離中國時，她是大量棄嬰中的一個，善良的紡織女工看她怪可憐的便抱回家，就成了她的母親。不過這並沒有改變任何狀況，同樣，她的母親事實上根本不是來自地主家庭，卻被造反派誣為「地主婆」，文革之後才得到平反。

1967年4月，培奎又一次來到哈爾濱。我陪她在松花江邊漫步，到城裏逛一逛，帶她在漂亮的電影海報前拍照。但她無心觀光，哭著對我訴說所發生的一切，並告訴我不能跟我結婚。她說我是新聞記者，還是報社革委會成員，前途光明，她不想給我帶來政治上的麻煩，影響我的前程。另外，她這次來看我時注意到一位年輕女編輯祖瑩俠對我挺好，她說瑩俠既聰明又漂亮，寫得一手好字，還是與我一起創建「紅色青年戰鬥隊」的七名成員之一，又是共產黨員。培奎勸我應當與瑩俠結婚。

我懇切地對她說：「我們躲到深山老林裏去吧，你的家庭成分如果影響我當記者的話，我就不幹記者了」。但培奎認為這是不可行的。即使在深山裏，也會有人調查戶口，調查我們是從哪裏來的。當時的媒體也時有報道某地從深山裏或從邊遠的某個角落裏，揪出逃避文化大革命的「壞分子」。

培奎沒有說一聲再見便離開了哈爾濱，她只在我的房間裏留下一張字條：「因為我愛你，而又不想害你，才決定離開你，請忘掉我吧」。我發現後，直接跑到火車站，到處都找不到她，便搭火車趕到吉林省四平市找到她。我想改變她的主意，勸慰她說一切都會變好的，一切問題都能解決。但她並不這麼認為，仍堅持她「為愛而分手」的決定。

兩個月以後，我接到她寄來的一封信，附上了她結婚的兩寸黑白照片。

她嫁給了大連家鄉鄰居的一個青年人,此人在她上電影學院之前曾追求過她,他長得不夠英俊,而且個頭不如她高,但人很好,在長春汽車製造廠作技術員。此時,她匆忙決定嫁給他,是為了讓我死了這條心。她在信中説:「我已經結婚了,嫁給了一個男人。你不要再等我了,你和瑩俠好吧」。這封信讓我極為痛苦與無奈,與培奎長達八年的馬拉松式苦戀結束了,儘管我知道她是「為愛而分手」。

半年之後的1968年1月6日晚間,我和瑩俠在報社二樓小會議室舉辦簡樸的婚禮,那是典型的文革中的革命婚禮。在大破「四舊」中舉行婚禮也要搞「三拜」,但內容大不同。高唱革命歌曲《大海航行靠舵手》後,開始「三拜」:一拜毛主席,二拜革命群眾,三夫妻對拜。婚禮主持人楊福棟拿上來用報紙層層包纏的兩個「大禮包」,讓我們倆當眾拆開,拆了一層又一層,最後露出兩塊紅紙牌子,用黃色字寫著:「走社會主義道路新郎」和「走社會主義道路新娘」。在場群眾一轟而上,不由分説將牌子掛到我們倆的脖子上。這是幾位同事策劃的一個惡作劇式的黑色幽默。常言道「筆墨當隨時代」,當時天天都在批鬥「走資本主義道路當權派」,他們反其道而行之,策劃出了這個掛牌子結婚的方案。如果沒有發生文化大革命,我知道培奎會與我結婚。

在我和瑩俠結婚十個月後,她的父親也自殺了。他只是牡丹江寧安縣石岩公社衛生院的一個鄉村醫生,由於他的中醫醫術在當地很有名氣,工資又是最高的,便被打成「反動學術權威」。他又因在日本佔領東三省時期曾為石岩火車站的日本站長看過病,便被誣指為「日本特務」,關在衛生院一間房子裏隔離審查。1968年11月一個嚴寒的晚上,一夥造反派連夜批鬥他,逼迫他交代「日特」罪行,先將他拉到靠近火爐的地方烤得他滿身大汗,然後逼他脱掉外衣只穿背心和短褲,推到冰天雪地的室外去冷凍,説是讓他冷靜思考一下自己的「罪行」。他在雪地裏站了挺長時間,幾乎凍成冰棍。他實在無法忍受這種非人的折磨,為了維護做人的尊嚴,第二天便在隔離室裏上吊自殺了。

瑩俠從哥哥的來信中得知父親自殺的消息大哭了一場,但她沒有時間悲傷,還得照常上班工作。她擦乾眼淚,用冷水洗洗臉,帶著哭紅腫的雙眼,去向駐報社的「毛澤東思想工人宣傳隊」報

李振盛和未婚妻祖瑩俠在報社辦公室內合照(自拍,1967年8月20日,哈爾濱)

李振盛和祖瑩俠在報社會議
室內舉行簡樸的婚禮。在主
持人楊福棟（右側伸手者）
「黑色幽默」的玩笑下，群眾
一轟而上地將「走社會主義
道路新郎」和「走社會主義
道路新娘」的牌子掛在新婚
夫婦的脖子上（劉歧祥攝，
1968年1月6日，哈爾濱）

告，表示「自己父親背叛了文化大革命，一定要與『自絕於人民，自絕於黨』
的父親劃清界線」。即便如此，和培奎一樣，從此之後，瑩俠也被認為是「政
治上不可靠」的人，立馬被打入「另冊」，停止她的編輯工作，被迫去參加「毛
澤東思想學習班」。她曾被認為是報社最好的女編輯之一，而且內定為提拔副
總編輯的培養對象。但在她父親自殺以後，就不允許她在編輯部繼續工作了。

　　1968年清明節之前，哈爾濱市公安局一名攝影通訊員來到報社攝影組
報告一條信息：將在清明節那天處決一批犯人，問我們願不願意去拍照。那
四名資深記者一致認為：「刑場照片拍了也不可能發稿，沒有用的照片我們
不拍」。老組長還問我一句：「小李，你想不想去拍呀？」其實，我從未見過
刑場槍斃人的情景，不管是出於職業的獵奇心理，還是出於年輕人的好奇心
理，真的很想去見識一番，拍些照片。但見老記者都說不想拍，我便說沒有
用的照片我也不想拍。當老組長讓我去送客時，我對那位通訊員悄悄說我想
去拍照片，請等清明節那天把吉普車停在報社對面的交通警察崗樓後邊，我
在那裏上車一起前往刑場。

　　公安局的攝影通訊員為何要到報社知會他們的信息呢？因平日裏他們會
拍攝一些本單位學習毛主席著作、開批判會等活動的照片，都及時送到報社
來希望能見報，這是他們宣傳報道的主要任務。他們很想搞好與報社攝影組
的關係，卻很少有重要資訊向報社提供，所以一旦有這類處決罪犯的活動，
便向省市報社報告。

　　1968年4月5日清明節這天，我背著報社領導，私自乘公安局的車一路

拍攝，從遊街示眾最後到達刑場，完整拍攝了一次槍斃七個男人和一個女人的組照。這個女人與其情夫合謀殺死了她的丈夫，包括這兩人在內的六人是「普通」刑事犯，另外兩人是受過良好教育的知識分子，哈爾濱電錶廠的巫炳源和王永增，他們創辦了一張名為《向北方》的油印小報，被當局認定為「一心嚮往北方的蘇修」。那時的報紙都在報眼位置刊印毛主席語錄，他們也照辦了，在報眼刻了一條語錄：「領導我們事業的核心力量是中國共產黨，指導我們思想的理論基礎是馬克思列寧主義。」但是，他們在後邊又加上兩句話：「這是顛撲不破的真理，不允許任何人篡改和代替。」這兩句話被解釋為「惡毒攻擊偉大領袖毛主席！」，為他們招來殺身之禍，被定為「現行反革命集團主犯」。在公審大會上，巫炳源聽到被判決死刑時，仰天長嘆大吼一聲：「這個世道太黑暗了！」便閉上了眼睛，到死都沒有再睜開眼。所有八人脖子上被掛著大牌子押到卡車上，經過市區遊街示眾後，車開到哈爾濱西北郊外，在離黃山火葬場不遠的一片空地上，八個人雙手反綁，一字排開並被迫跪下，從腦後開槍打死。

這次到刑場拍攝的任務，未經報社領導指派，是由我自行決定的。其

實，並沒有人要求我近距離去拍屍體，但我還是拍了一些特寫鏡頭。由於當時我的「徠卡M3」相機上只裝有35毫米的廣角鏡頭，必須靠得很近拍攝才行，近得都能聞到刺鼻的血腥味和腦漿炸裂的氣味。

在後來的半年裏，我一直無法忘卻這些人的臉，八張活生生的臉，瞬間變得腦殼炸裂。那時我和妻子仍然沒有分到房子，兩人分開來住在單身宿舍裏。筒子樓宿舍的廁所在走廊的盡頭，半夜裏我需要起夜時，在燈光昏暗的狹窄走廊裏，總是半睜半閉著眼睛往前走，在試圖不要碰到走廊兩邊各家的鞋子和廚具等雜物時，也提醒自己不要想到那些被槍斃的人。

報社食堂有一種我最愛吃的東北菜「血豆腐」，自我從刑場歸來再看到它時總會想嘔吐，因為一看到這種紫紅色的膠狀物，就會產生恐怖的聯想。

當我在暗室裏昏暗的紅燈下放大這些被打死的人的照片時，總是默默地對他們說：「如果你們變成鬼魂的話，請不要來找我。我只是要幫助你們，我拍攝製作這些照片是要記錄歷史，要讓人們知道，你們是被冤枉的。」以此排解恐怖的記憶。

直到三十多年後，當我為出版《紅色新聞兵》英文版而在紐約親自放大這些照片時，仍然會這麼默默地說。

李振盛與非洲新聞代表團的黑人兄弟在哈爾濱太陽島上留影（劉歧祥攝，1967年7月19日，哈爾濱）

1966-1968 年

到了 1966 年秋天，毛澤東對於大多數中國人來說，已經等同於一尊活著的神。《東方紅》等膾炙人口的歌曲，以及大小報紙的社論，都在歌頌領袖數不盡的恩德。數百萬群眾乘車搭船，有的甚至是步行，從全國四面八方湧入「世界革命的中心」北京，只為能被偉大的舵手接見一次。普通民眾對毛澤東的神化和頂禮膜拜，已經達到荒謬的程度。

毛澤東之所以能夠這麼好地掌控全國，與規模空前的宣傳戰是分不開的。全國城鄉街道的牆壁上、每份報紙的版面上，都印有偉大領袖的「最高指示」。他的頭像被做成海報、徽章、陳設等，進入每個中國人的家庭。雖然毛澤東的光輝形象無所不在，但他的真人真容卻無法讓人輕易靠近，這種矛盾進一步加強了老百姓對毛澤東的個人崇拜。

與崇拜同時發生的，還有恐懼和暴力。學校停課，工業停滯，人人都有可能成為下一個被批鬥的對象，資本家、宗教領袖、報社的編輯記者、基層領導，甚至今天批鬥別人的人明天也會遭批鬥。到了 1967 年的夏天，暴力達到頂峰。紅衛兵到處遊行示威，四處抄家，破壞文物古蹟。數百萬人被強行關押、監禁、酷刑折磨，甚至被虐殺或者自殺。紅衛兵內部也出現了分裂，開始了血腥的暴力武鬥。全面奪權使各級黨政機關失去了原有的權威，難以正常工作。在全國幾近失控的混亂局面下，毛澤東決定派軍隊全面介入地方的奪權鬥爭，並承擔起支援地方工農業生產的任務。

　　　　　1966 年 10 月 18 日，北京

毛澤東乘坐的敞篷吉普車駛過夾道歡呼的人群，這是他在
北京第五次檢閱紅衛兵。一百五十萬名紅衛兵接受了檢
閱。毛左邊是楊成武將軍，後方是他的私人醫生李志綏，
司駕上坐著的是汪東興。

毛澤東的吉普車過去後，緊跟著的是林彪、周恩來、
江青的車。

　　　　　　　1966年10月18日，北京

毛澤東的吉普車飛馳而過後，紅衛兵紛紛在《毛主席語錄》
的扉頁上寫下見到「紅太陽」的「最最幸福的時刻」。

1966年10月21日，北京；11月2日，阿城縣阿什河公社

中央文革小組在北京工人體育場召開「全國紅色造反者活學

活用毛主席著作講用大會」(左)。

黑龍江省阿城縣阿什河公社一位農民正在展示他家「敬請」

(購買)的一幅毛澤東寶像,村裏人紛紛向他賀喜(右)。

1966年11月9日、12月10日，哈爾濱

長李范五、省委書記王一倫、副省長陳雷又一次被紅衛
批鬥。他們戴著的三頂高帽製作得大小不勻，王一倫的
子太大罩住了頭，不用手撐著就無法呼吸；陳雷的帽子
太小，不用手拉住就會掉下來；而李范五的高帽大小正
，可以垂手而立（左）。

大搞「紅海洋」運動中，哈爾濱濱江區新發公社的一對
年夫婦用毛澤東像和「毛主席語錄」掛滿了自己的新房
□）。照片見報後，有人戲言「在毛主席眼皮底下幹『那事』
行嗎？」小伙笑答：「關了燈毛主席啥也看不見了」。這話
指控是惡毒攻擊毛主席，理由是「毛主席在黑暗中能看到
明，在迷霧中能看清方向，怎能説『關燈就看不見了』。

在打倒了無數黨政領導、知識分子和其他「牛鬼蛇神」後，1967年初，被毛澤東動員起來鬧革命的數千萬紅衛兵和造反派團體內部也產生了矛盾，武鬥期間出現了文革中最暴力血腥的場面。分裂的各方不甘示弱，都武裝起來投入戰鬥，為了奪得「真正造反派」的名號，在武鬥中打得頭破血流，死傷慘重。

總的來說，武鬥的各方都有類似的意識形態，即都表示對毛澤東的絕對忠誠，並能參加「誓死保衛毛主席」的戰鬥。在奪權運動以前，主要是「保守派」與「造反派」之間的矛盾，而在奪權運動以後，「保守派」基本瓦解了，「造反派」內部普遍產生了分歧，比較穩健的「造反派」和激進的「造反派」之間開始大打出手，在全國各地的校園內、工廠內和各單位內，發生了無窮無盡的激烈鬥爭。

　　　　　　1967年1月17日，哈爾濱

合工大紅色造反團的頭頭劉錄（跪者左）及其支持他們的「黑
委台」校黨委副書記（跪者右）被另一夥紅衛兵揪出來批鬥。

　　　　　　　　1967 年 1 月 18 日、19 日，哈爾濱

在嚴寒的冬天裏，一夥造反派押著另一個造反派的「壞頭頭」走向批判大會的批鬥台（左上）。兩位「壞頭頭」被迫跪在地上接受批判（左下）。

第二天，于傑賓和郝德仁被定為現行反革命分子，在批鬥大會上被逮捕（右）。原因是他們為了標新立異，將創立的只有兩個人的造反組織命名為「中國紅旗軍10.18反修縱隊哈爾濱支隊」，結果被群眾揭發為成立「軍隊」。

1967年1月31日，黑龍江省十五萬紅色造反者舉行全面
奪取省委省人委大權的誓師大會，地面上寫著特大字號的
標語：「誰反對紅色造反者奪權就是反革命！」（左）。三天
後，中國人民解放軍士兵在哈爾濱街頭舉行聲勢浩大的武
裝示威，堅決支持紅色造反者全面奪取黑龍江省委和省人
委的一切權力（右）。

1967年1月31日，黑龍江省成為全國大奪權的典範，第一個成立了「革命委員會」，取代原來的省委、省人委（省政府）、省人大及省政協。《人民日報》發表〈東北的新曙光〉的社論予以公開支持。接下來，全國其他省份也開始了奪權運動。在各地成立的革命委員會的過程中，毛澤東推行了「三結合」方針，即革命委員會要有革命群眾代表、革命幹部代表，以及最重要的解放軍代表。解放軍在中國的影響力越來越大，軍隊代表在革委會中的席位也越來越重要。

1967 年 2 月 16 日，哈爾濱

1967年2月16日，哈爾濱市紅色造反者全面奪取市委和
市人委（市政府）的一切權力，掄起鐵錘把市人委的大牌子
砸碎（左），並澆上汽油點火燒毀（右），接著成立了「哈爾濱
市革命委員會」。

1967 年 2 月 16 日，哈爾濱

紅色造反者和解放軍抬著
毛澤東巨幅畫像遊行，慶
祝哈爾濱市奪取黨政大權
的勝利。

寶清縣一批十幾歲的「紅小兵」參加大串連徒步五百多公里，
走到省城哈爾濱，連夜到新華書店門前通宵排隊爭購「紅寶
書」——《毛選四卷》(左)。

黑龍江省革命委員會主任潘復生(右圖右邊)和副主任范正
美率領「黑龍江省赴京彙報團」，乘專機去北京向「中央文
革」彙報黑龍江文革全面奪權鬥爭的形勢(右)。

　　　　　1967年2月7日、3月5日，哈爾濱

1967年4月，《人民日報》、《紅旗》雜誌發表戚本禹批判劉少奇的文章〈愛國主義還是賣國主義〉，這篇文章是經毛澤東審閱並批准發表的。其中用「黨內最大的走資本主義道路的當權派」代指劉少奇的名字。全國範圍內也開展了一場又一場的大型集會，批鬥這名「國家主席」。黑龍江省已經被打倒的前黨政領導幹部又被拉出來示眾，嚴譴他們執行劉少奇的修正主義路線。

　　此後，劉少奇被揪鬥、抄家。妻子王光美被迫身穿緊身旗袍，腳踩高跟鞋，脖子上掛著乒乓球做成的項鍊，在清華大學萬人矚目下，備受羞辱地被批鬥。7月18日，批鬥劉少奇的運動進入白熱化。這一天，中南海召開了一場揪鬥劉少奇夫妻的大會，這名70歲的國家主席和妻子被迫低頭彎腰，站了兩個小時。

　　之後的一年內，他被囚禁在家，剝奪了行動自由。次年秋天，當黨內正式確定他「叛徒、內奸、工賊」的罪名，並撤銷他所有職務時，這名前國家主席已經患上嚴重的肺炎，無法下床，無法說話，只能靠靜脈注射進食。1969年10月，劉少奇被化名轉移到河南開封，監禁在沒有暖氣的屋子裏，不得住院。11月12日，劉少奇悲慘逝世。

　　　　　　　1967年4月27日，哈爾濱

哈爾濱市的紅衛兵在北方大廈前廣場召開二十萬人參加的
造反點火大會，集體批鬥中共黑龍江省委一班人執行劉少
奇的修正主義路線。

1967 年 4 月 27 日，哈爾濱

李范五、王一倫等人又被拉
出來批鬥。

七位省委書記集體被掛上大
牌子站在椅子上示眾。牌
子從正面看似是用木板或硬
紙板製作的，其實是厚鐵板
貼上紙，並用鐵絲掛在脖子
上，七位被批鬥者不堪重
負，只能用手端著。

　　　　　1967 年 4 月 27 日，哈爾濱

七位省委書記掛著沉重的鐵牌子低頭接受批鬥。從左至右
是：李范五、王一倫、陳雷、任仲夷、李劍白、李瑞、譚
雲鶴。

1967 年 4 月 27 日，哈爾濱

1967年6月5日、9日，哈爾濱

1967年6月5日至17日，黑龍江省對立的兩派群眾造反組織「捍聯總」和「炮轟派」，在對待省革命委員會的問題上存在嚴重分歧，一派主張捍衛，一派主張炮轟，為此在省革委會駐地門前產生衝突。為爭奪「宣傳毛澤東思想的陣地」——廣播車的控制權而發生武鬥（左）。武鬥往往會導致受傷（右上）甚至死亡（右下）。

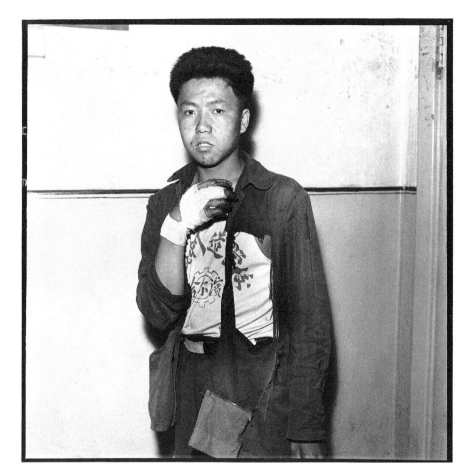

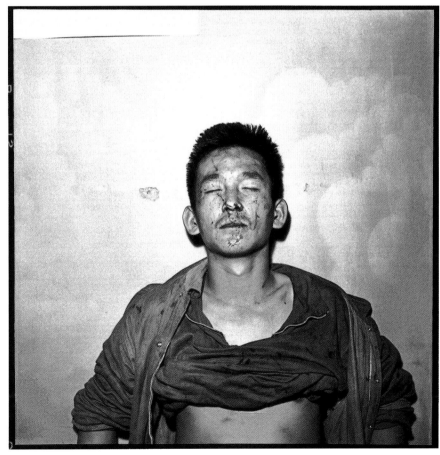

1967年6月17日，中國第一顆氫彈爆炸成功，哈爾濱市
群眾走上街頭，敲鑼打鼓歡慶文革所取得的偉大勝利。

1964 年 10 月，中國第一顆原子彈爆炸成功。這項工程是中蘇關係惡化後，中方在沒有蘇聯的幫助下自主研發的。為了記住 1959 年 6 月蘇聯領導人赫魯曉夫單方面停止對華原子彈研製的援助，這項工程被命名為「596」。

　　三年之後，中國科學家排除文革中面臨的重重困難，成功研製了中國的第一顆氫彈。氫彈項目是中國的高級機密，是毛澤東在全國一片混亂狀態中力保下來的。

　　1967 年夏天，武鬥進一步升級。6 月 17 日氫彈的成功爆炸，成為這個烏雲重重的國家上空唯一的亮點。

　　　　　　　　　　　1967 年 6 月 28 日，哈爾濱

哈爾濱建築工程學院的兩派造反組織為了爭奪學校主樓作
為「宣傳毛澤東思想的陣地」而展開了一場嚴重的武鬥。
教學樓裏的窗口都成為防守陣地,一間辦公室的窗前桌上
堆滿了用於投向攻樓一派的磚頭石塊等「武器」。所有石膏
像都被砸碎當作「武器」,只有一尊「縣委書記的榜樣——
焦裕祿」的石膏像未被砸壞(左)。學校圖書館在武鬥中被
搗毀,凡「具有殺傷力」的精裝圖書都被搬到樓上作為「武
器」,所剩下的都是「不具殺傷力」的簡裝薄本書(右)。

1967 年 6 月 28 日，哈爾濱

學校圖書館被嚴重破壞。

1967 年 6 月 28 日，哈爾濱

除了圖書館之外，哈爾濱建築工程學院的教室、宿舍、幼
兒園等都受到不同程度的摧毀。

1967 年 7 月 8 日，黑龍江省巴彥縣

在松花江上捕魚的漁民坐在船上扯起「徹底批判中國赫魯曉
夫修正主義的經營路線！」橫幅開批判會。

　　　　　　　　　1967年7月16日，哈爾濱

哈爾濱十萬群眾雲集松花江邊，隆重紀念毛主席暢遊長江
一週年。游泳時需呼喊口號，若有人喊口號時嗆水，還要
「鬥私批修」，批評自己對毛主席不夠忠誠。

　　　　　1967年7月25日，黑龍江省佳木斯市；7月28日，哈爾濱

佳木斯紡織廠的紡織女工在紡機旁掛著的標語板後工作，
誓做毛澤東的好工人（左）。一個農村小男孩作為「黑龍江省
第一次活學活用毛主席著作積極分子代表大會」代表被派到
哈爾濱一家大工廠去向工人群眾「傳經送寶」，由於他個子
太矮小，只好把話筒放倒在桌子上才能講話（右）。

1967年8月5日，群眾聚集在北方大廈門前廣場慶祝毛澤東〈炮打司令部〉大字報發表一週年，解放軍代表張春玉高舉著紅寶書發言（左）。

9月4日，哈工大新曙光進反團的紅衛兵正在繪製「毛澤東思想宣傳欄」的海報和標語（右）。

1967年9月4日，哈爾濱

新曙光造反團的紅衛兵在哈工大校園內張貼大字報專欄：
緊跟毛主席的偉大戰略部署，緊緊掌握革命鬥爭的大方向。

參加「黑龍江省第二次活學活用毛澤東思想積極分子代表大會」的貧下中農代表高鳳志在「憶苦思甜大會」上發言。

1968 年 4 月 5 日,哈爾濱

1968年4月5日，哈爾濱

王公審之後，八人被押上卡車。關景賢和崔鳳雲被指控合
謀殺死了崔的丈夫，判處死刑，立即執行。

1968年4月5日，恰逢中國清明節。黑龍江省革命委員會的武裝部隊槍斃了七男一女。其中六人是普通的刑事犯，包括一對婚外戀的男女關景賢與崔鳳雲，他們合謀殺死了女方的丈夫。另外兩個人分別叫巫炳源和王永增，是「反革命集團主犯」。他們在哈爾濱電錶儀器廠工作，辦了一份叫《向北方》的傳單小報，被批判為「一心向著北方的蘇修」。小報報眼位置印了毛主席語錄：「領導我們事業的核心力量是中國共產黨，指導我們思想的理論基礎是馬克思列寧主義。」又在其後加了兩句話：「這是顛撲不破的真理，不允許任何人篡改和代替。」結果就因這兩句話被扣上「惡毒攻擊偉大領袖毛主席」的罪名。

在公審大會上宣判對巫炳源、王永增「判處死刑，立即執行」時，巫炳源仰天長嘆，大吼一聲：「這個世道太黑暗了！」然後就緊閉雙眼，再沒有睜開，以此作為最後的抗爭。這八人雙手被反捆在背後，脖子上掛著寫有他們名字和罪行的大牌子，被押到卡車上。經過市區長時間的遊街示眾後，卡車開赴哈爾濱西北郊外的黃山火葬場不遠處的一塊空地上。八人一字排開，被迫跪下，從腦後射擊執行死刑。

　　　　　1968年4月5日，哈爾濱

195

土遊街示眾之後，八人被送往哈爾濱黃山火葬場執行死
刑。在刑場上，八人被要求站成一排，他們背後聚集著來
圍觀行刑的群眾。

巫炳源至死都沒有再睜開過眼睛。

1968年4月5日，哈爾濱市郊

八人跪在地上。「合謀殺人犯」關景賢和崔鳳雲故意靠得很
近，一名法警上前將這對戀人分開（左）。八人被從後腦槍
擊斃命。

　　　　　　　　　1968年4月5日，哈爾濱市郊

1968年4月5日,哈爾濱市郊

人倒地後，「合謀殺人犯」□景賢和崔鳳雲的腳最終還□搭在一起（左）。法警將兩□拉開，同時檢查犯人的屍□，確認是否死亡（右）。

1968年4月5日,哈爾濱市郊

第四部分

1968年4月以後，政治鬥爭的風向突變，使我本人也在文革中被打倒。

當時，極左勢力在黨內佔上風，林彪和江青的勢力在提升，黨內進行重新改組，將劉少奇和鄧小平為首的溫和派打成「資產階級司令部」。紅衛兵帶來了內鬥、停課和停工，讓整個社會完全處於混亂。毛澤東提出全國進行「三結合」政策（軍隊、幹部、群眾），工人、農民和軍人代表被派到全國各地，試圖使黨重新控制局勢。

黑龍江新的一把手、省革委會主任潘復生，從文革開始時就執行一條極左路線，從省委直接派遣幹部到黑龍江日報社。報社革委會常委從六名成員擴大到九名，其中一名新成員聶剛，就是由省革委會任命「空降」到報社的。

我並不反對「三結合」政策，但有一些保留意見。我認為報社運作得挺好，而且這些「外來幹部」沒有新聞方面的訓練與經驗，也沒有專業技術與技能。因此，我在常委會開會時指出：「省革委會沒有必要再派更多人來報社，我們能掌握報社的命運。」

聶剛很有心計，在每次開常委會時都作詳細筆記，就是這些筆記最終迫使我下台。

聶剛原是省委組織部的一名普通幹部，頗有企圖心，他奉命「空降」省報，要扎下根、站住腳，再掌控全局。有幾名想要留在報社的造反派學生和一名青年教師被他籠絡在一起，在他策動之下打著「革命師生」旗號，利用我的這些發言批判革委會中與我站在一起的其他成員：常委邢世良、委員王家彬和朱松林。他們誣指我們四人是「邢李王朱地下黑司令部」，我們的「罪行」是「攻擊省革委會」、「反對三紅」、「搞獨立王國」，暗指我們反黨、反社會主義。當時，聶剛一夥人採用分化瓦解、個個擊破的戰術，先對邢、王、朱下手，暫時未點我的名，但在文革中這是慣用的手法，指桑罵槐，聲東擊西。作為常委成員，我知道最終他們是要打倒我的。因在常委會上說的那些話，那幾個「革命師生」把我視為他們想留在報社的絆腳石。

文革期間，中央文革小組要求全國媒體都要大力宣傳「鶯歌燕舞」的大好形勢，不允許新聞記者拍攝所謂「負面」照片——即當時的所有掛牌批鬥、戴高帽、遊街示眾、打人抄家、刑場槍斃以及各種折磨人的照片。文革進展到中期階段，「中央文革小組」下令要收繳銷毀給文化大革命「抹黑」的照片，各省革委會宣傳組和大專院校的紅衛兵，曾多次命令攝影記者要上交文革「負面」底片。大多數攝影記者都聽從了命令，結果這些底片都被付之一炬了。

我通常是自己沖放照片，有時選擇其他四位同事下班回家之後，獨自一人沖洗那些有「負面」內容的膠卷。我將沖洗出來的膠卷趕緊放進烘乾櫃裏，把不能見報的「沒有用的底片」剪下，然後將這些所謂「負面」的底片放在小

袋子裏，存放在資料櫃和辦公桌抽屜中自己設計的暗藏隔層內。我特別小心提防這些底片被同事看到 —— 有人在暗房或底片烘乾櫃裏看到了，就跑去向總編室領導打小報告，領導便找我談話，批評我浪費公家的膠卷。

1968年秋，我本人受到點名攻擊。國慶節之後我回到辦公室，便看到報社大廳和樓道裏貼滿了大字報，這一次全都與我有關：「打倒李振盛！粉碎邢、李、王、朱地下黑司令部！」

之後，出現了更多的大字報，而且，停止我在常委會中的資格。反對陣營在聶剛的指揮下，由陳姓青年教師與「革命小將」共同策劃打倒我的方案，那時凡要打倒一個人，必須進行內查外調：內查由來自哈爾濱師院的王姓紅衛兵負責，

他們偷看抄寫我的日記，查閱我的人事檔案，編造整理打倒我的資料；外調由來自黑龍江大學的劉姓紅衛兵負責，他到我山東老家、大連初中、高中以及長春電影學院，企圖調查我家庭背景、學生生活和政治檔案中有罪的材料。劉在調查中採取種種極左整人手段，誘導我老家村長說我爺爺是在土改之前由於為八個兒子分了家而未劃成地主成分的「化學地主」家庭，啟發我中學校長說我是小資苗子，誘使我大學老師說我資產階級思想嚴重……那意思就是我從小到大都不是個好人。但沒想到劉紅衛兵一手「製造」的這些外調材料反而為我贏得了同情，一名心地善良的工宣隊員和一個好心的紅衛兵對他惡意整人的材料實在太反感了，便背地裏把這些由劉親筆寫的調查材料拿給我看，並讓我用相機翻拍下來，一直保留至今。

幸運的是，我早已開始將「負面」底片從報社轉移到家中。結婚大約半年後，我和瑩俠終於有了一個房間能住在一起，但只有15平米，而且離報社很遠。實際上它原先屬於一位老幹部的俄式別墅中的一個房間，這位房產部門的處長被批判以權謀私，住一獨棟別墅超過處級待遇，於是這棟房子便被分配給幾戶家庭居住。房間裏沒有暖氣、煤氣和下水道。院子裏有一個用木板搭成的、地上有個坑的簡易廁所，供各家共用。

我家有一張一頭帶個小櫃子的三抽書桌，俗稱作「一頭沉」，是我和瑩俠結婚時憑票證購買的。我在書桌底下的木板地上鋸開一個雜誌大小的洞口，地板的木頭質量很好，有兩層，上面是一層硬質木材，下面是很厚的松木，我花了一個多星期的時間才鋸好，而且要非常保密地進行。每天下班回到家裏，我搬開「一頭沉」書桌，在牆角鋸木地板，瑩俠站在窗前隔著紗簾

毛澤東暢遊長江兩週年時李振盛在松花江岸邊的高樓頂上拍照，背後是1958年夏季大洪水後建起的防洪紀念碑（王志立攝，1968年7月16日，哈爾濱）

向外張望，每當有人要去廁所路過我家的窗前時，她會示意我停下。我採用斜著鋸的方式，以便將鋸下來的木地板塊重新放回去時不會掉下去，並在旁邊繫上一根小繩子，以方便打開。當時還沒有塑料布，只好用給兒子做尿布的黃油布，將「給文化大革命抹黑」的底片，連同可能涉嫌政治問題的兩塊袁大頭和孫小頭銀圓，以及西班牙著名畫家戈雅的《裸體的瑪哈》三張精美郵票等等，一起包好埋藏在地板下邊，將洞口蓋好，再壓上書桌。

不久，我的兒子在1968年10月30日出生。為了表示絕不被對我攻擊的「政治寒流」所壓垮，我給他起名「笑寒」。1968年12月26日，是毛澤東75歲生日。這天晚上，報社「支左」學生造反派在一樓大會議室專門組織了我的批鬥會。我被押到台上，站在一年多前曾主持會議批鬥別人所站的地方，被迫彎腰低頭，在三百多名職工面前共批鬥六個多小時，他們批判我要「主宰」報社，建立「邢、李、王、朱」自己的「獨立王國」，並指責我「反三紅」：反對新生的紅色的省革命委員會，反對進駐報社的軍代表，反對「支左」的紅衛兵小將。其中第一項「罪名」十分嚴重，黑龍江是全國第一個成立革委會的省份，被《人民日報》稱為「東北的新曙光」。

我的罪行是反對這個「新曙光」。

批鬥會由在報社「支左」的哈爾濱師範學院陳姓青年教師主持。他善於演講，說起話來眉飛色舞，嗓門很高聲音尖利。他與學生紅衛兵一起來到報社，被稱為「革命教師」，但與其他一些人一樣，發現報社的工作挺好，便不想離開。

陳獲准查看我在報社的人事檔案，將我的日記和通信內容抄寫成大字報

李振盛的兒子笑寒在家中，那些「負面」的底片正是被藏在他面前書桌下牆角邊的地板裏（1973年2月19日，哈爾濱）

張貼，並公佈了我在失去進京任新華社記者的機會後，在日記本上寫下的兩條誓言：「決不老死黑龍江！」、「不學英語照樣遊走世界！」。陳主持批鬥會時質問我：「黑龍江省有3200萬人民，他們世世代代居住在這裏繁衍生息，為什麼你就不能『老死黑龍江』？」陳還聲嘶力竭地說：「大家都知道魯迅的名著〈狂人日記〉，李振盛的日記比〈狂人日記〉還要狂！他在日記寫下『不學英語照樣遊走世界』，他所說的『遊走世界』就是要去投敵叛國！」他高聲說：「廣大革命群眾給你二十年，看你能不能離開黑龍江；再給你三十年，看你能不能去遊走世界！」本來我原先發的兩個誓言是沒有時限的，但這回我記住了這兩個日期，暗想一定要按期兌現。

他們不想知道我寫這句話的背後原因，只是一味地上綱上線。他還高舉我和瑩俠的合影，尤其是一些我看上去很瀟灑的照片。這些都變成整我的材料。因為我不是出生在資產階級家庭，他們就說我是「新生資產階級分子」。

我的「罪行」被一一揭發出來。我在長春電影學院上訪電影局長陳荒煤是反黨行為；四清運動時在日記本上對被批判的電影《早春二月》女主角表

示同情；原先的王姓秘書揭發我讓他為「摘帽右派分子」羅姓職工的妻子開證明信，這是同情階級敵人。沒有人能夠公開站出來反對這種批鬥。當我任辦公室主任時的另一名秘書林憲娟拒絕揭發我時，也被拉到台上陪鬥。批鬥會開到深夜，她需要餵奶的小女兒正在家裏啼哭。

報社的同事都知道我與外來幹部不和，多數群眾認為我是主持公道和公義的。但他們原來並不知道還有這些事情，所以也感到憤怒。一名來自哈爾濱師範學院中文系的瘦高個子的王姓紅衛兵學生，甚至說我愛好集郵是在搞特務活動！

上世紀五六十年代時，將國內地方報紙寄到國外是不允許的。我在大連念初中時曾經用當地報紙包郵票寄給在印度尼西亞和日本的郵友交換郵票。在批鬥我的大會上，王姓紅衛兵上前將毛主席像章從我的衣服上扯下，並惡狠狠地說：「你是特務、新生資產階級分子，你沒有資格佩戴毛主席像章。」

但是，陳姓支左「革命教師」對我做出一個更為淫穢的指控。

他以驚人的尖銳聲音告訴大家：「我們揭發李振盛耍流氓！他在藉口將照片給一位品德高尚的女紅衛兵看時想要流氓！」

陳沒有提這位「受害者」的姓名，但我非常清楚他說的是誰。當時報社進來了三名支左女紅衛兵，其中一名叫馮麗娟，被安排住在攝影組一間沖膠卷的小暗房裏，馮有一位馬姓朋友，是另一名女紅衛兵，經常來看馮。馬是哈爾濱師範學院藝術系學生。有一次，她想看我的一些作品，我便打開櫃子去取照片，一不小心碰到了她的手臂，我當即表示抱歉。馬的男朋友與她來自一所學校，姓張，與我同是報社革委會常委，我們相處得還挺好。張和馬都知道這項指控不實，有點荒唐可笑，但他們被聶剛等人說服了，認為只有這樣才能「把李振盛徹底搞臭」。長期以來，在中國，凡是想把誰打倒搞臭，必定會扣上「男女關係」的帽子，此乃整人慣用手法，且屢試不爽。他們同意讓聶和陳利用此事，只要求不提馬的名字。

我聽到這項指控時非常憤怒。雖然當時被迫低著頭，我卻抬起頭大叫她的名字：「讓馬××到會場來當面對質！」我向批鬥會主持人公開挑戰，但他們故意不讓馬姓紅衛兵到場與我對質，更怕大家知道真相！

當然，陳更沒有膽量讓她與我對質。他高聲大吼：「被批鬥者無權提出任何要求！」然後，他轉向人群帶頭高呼：「打倒李振盛，迎接光輝燦爛的1969年！」

我記得當時在想：「怎麼會呢？難道不打倒我李振盛，新的一年就不會來到？」

批鬥會開了大半夜，長達六個多小時，一直到翌日凌晨。會後，王姓紅衛兵帶領幾個人押著我乘坐吉普車直接去抄我的家，他們想搜查到更多對我

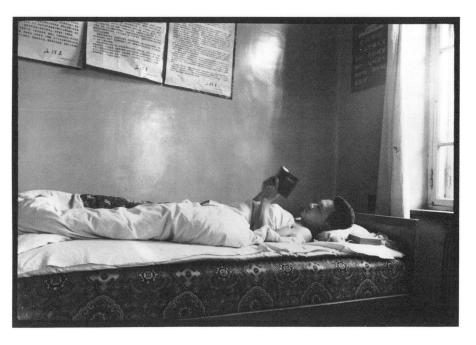

李振盛在空軍部隊招待所
床上背誦「老三篇」（自拍，
1969年7月5日，五常縣）

不利的證據。我的房間裏只有一個燒煤的小火爐，外面十分寒冷，當房門被打開時，房間迅速變得冰冷。王逼我將所有抽屜和櫃子打開，他們幾個人立馬動手亂翻亂抄，紙片照片雜物散落一地。剛出生還不滿兩個月的兒子笑寒，偎依在媽媽的懷抱中被嚇得嚎啕大哭。當王發現我和瑩俠的一些合影，就將照片拿給他的同夥看，並極盡嘲弄地説：「你們看，這些小資產階級分子的醜態！」

當時，那些珍貴的「負面」底片就藏在地板下邊。當王和他的同夥搜查我家的東西時，我就站在蓋住洞口的「一頭沉」桌子前邊，儘管我認為他們不會發現，但心裏還是忐忑不安，還要故作鎮靜，假裝若無其事的樣子，看著他們抄來抄去。他們以「進行徹底政治審查」為名，拿走了十幾本集郵冊、許多信件和一些照片。當王強行奪走一摞我與瑩俠的情書時，瑩俠非常不高興地説那都是純粹的私人信件，按法律是不應當被抄走的。

王知道瑩俠是黨員，他竟然故意譏笑嘲諷地對瑩俠説：「共產黨員沒有什麼東西是不可以公開的！」這句看上去似乎正確卻令人無法接受的扎心話，讓我們夫婦銘刻在心頭，永遠難以忘卻。當時，我們只能用憤怒的目光狠狠地注視著這個連黨員都不是的造反派學生，他竟然連一點恥辱感都沒有。後來得知，他們拿著這些私人信函互相傳閱，意淫取樂。

我十分擔心瑩俠，當時的普通百姓家裏都沒有電話，無法預先打電話通知她抄家的消息。不到兩個月前她剛生下兒子笑寒，正在家休產假。有人説做月子的婦女受到驚嚇或經受風寒，今後會落下婦科病或不育症。這次夜半凌晨時分突然來一夥人抄家，她一點思想準備都沒有，在驚嚇與風寒的雙

重打擊下，我怕她精神崩潰，很想讓她鎮靜下來。我想在她面前表現出男子漢的堅強，但在六個多小時的彎腰批鬥之後，又被押著帶路抄自己的家，身心倍感疲憊。結果，反倒是她支持了我。在這夥抄家者離開之後，我整個人癱倒在床，她忍住眼淚安慰我說：「你一定要堅強，我們沒有做任何錯事，讓他們審查去好了。」

我的「罪行」沒有嚴重到被報社開除的地步，那時也沒有像今天通行的聘用或解僱的制度。但從被批鬥那天之後，他們便不允許我採訪拍照片。我的照相機被收走，而且不讓我返回攝影組辦公室，分配我在二樓的綜合組圖書館資料室剪貼報紙。

綜合組組長正是那個帶頭抄我家的王姓紅衛兵。他就是最想留在報社工作的紅衛兵之一，因轟剛的挑撥認定我是常委會中的主要阻攔者，因此對我倍加仇恨，欲置之死地而後快。在我被打倒後，更變本加厲施以報復。他常常對我發號施令，並不斷挑釁我。有一次我正在剪報，他突然進來查看，房間裏只有我們兩個人，他惡言惡語質問我：「李振盛，你為什麼不承認對我們的好同志馬××耍流氓？！」

我厲聲對他說：「馬××現在就在樓上。可以叫她下來，讓我們當面問問她是否遭遇『耍流氓』？」

「難道你還要繼續對她耍流氓嗎？」他急眼了。

「那好，你們既然不敢當面對質，那我就向你公開承認『我強姦了馬××』好不好？但首先需要把這個房門打開，我要站在走廊裏向群眾大喊：『我李振盛強姦了馬××！』」我這一招很靈，把他氣得一時語塞，滿臉通紅。

二樓走廊兩旁都是編輯辦公室。王當然很清楚，他們編造這件事只是想把我搞臭，而不想讓所有人知道真相。當時，我已結婚，而馬是那位張姓革委會常委的女朋友，他們會因此而丟臉，同時也揭穿了他們整人的陰謀。

他氣急敗壞地大叫起來：「你竟然還敢這麼說，到現在你還在口頭耍流氓！」之後，他掄起手臂使勁打了我一巴掌——打在我的左臉頰。除了我父親之外，從來沒有人打過我耳光。我比他要強壯得多，當時完全可以把他打翻在地，但我知道，如果我當真還手的話，會被上綱上線說成是毆打支左革命小將，那就是極嚴重的政治問題，我的前途就徹底完了。因此，我咬緊牙關，狠狠地對他說：「王××，你記住這一天！記住這一巴掌！」

後來，他一直躲著我。時隔三十年後，我偶然又見到他。那是1998年的春天，我受黑龍江日報社主辦的《生活報》邀請去追蹤採訪文革照片「跳忠字舞的小女孩」的主人公康文傑。當我在報社與同事交談時，王突然出現在門口。他站在那裏不知所措，不相信自己的眼睛；當我走過去伸出手來想要

與他握手，他嚇壞了，以為我要還他一巴掌，臉漲得通紅，好像被我打過似的。我想他大概已經反思了三十年前所做的那些錯事，這就足夠了。

　　1969年9月6日，我與其他被打入另冊的26名編輯記者，被報社革委會以鍛鍊之名，發配到柳河五七幹校勞動改造，其中包括我的妻子祖瑩俠。柳河位於距哈爾濱150公里的慶安縣偏遠地區。1966年「五七指示」發佈，兩年後，柳河五七幹校成為全國的第一所幹校，受到毛澤東的親筆批示，之後全國便紛紛效仿。

　　我們夫婦被下放五七幹校勞動改造，是聶剛等一夥人所把持的革委會對我的報復。當時的口號是「要扎根農村幹一輩子革命」，我知道有去日無歸期。在去幹校之前，我們面臨兩大難事：

　　第一，是兒子笑寒尚不滿一歲，還沒斷奶，怎麼辦？思來想去，只能送回山東老家交給爺爺奶奶撫養。最揪心的一刻是離別時，兒子在奶奶懷抱裏伸出兩隻小手哭著喊著叫「媽媽，媽媽」。我們剛為人父母還不到一年，要捨下兒子趕回遠隔千山萬水的黑龍江窮鄉僻壤去勞動改造，兒子的哭喊聲真讓我們有撕心裂肺之感。

　　第二，是埋藏地板下的「負面」底片，萬一我們遭遇生命意外，怎麼辦？思慮再三，必須託付給一位可靠的朋友，告訴他這件事。最終想到三年前與我們夫婦同在阿城縣搞社教的李明達仁兄，他為人厚道忠誠，值得信賴。我們把明達兄請到家裏，搬開桌子露出那個洞口，拿出一包東西給他看。他問這是什麼？我說都是給文化大革命「抹黑」的底片。他吃驚地說，那你留這

李振盛（右）與李明達在黑龍江日報社樓頂平台上的合影（萬繼耀攝，1968年6月，哈爾濱）

在出發去柳河五七幹校之前，李振盛在辦公室打電話給他的朋友告別（自拍，1969年9月1日，哈爾濱）

些「抹黑」的東西幹嘛？我懇切地説：「我們倆都要去五七幹校了，還不知道哪一年能回來，萬一我們發生了生命意外，請大哥記住這裏有一包底片，務必設法取走保存起來，將來一定會有用的。」他問會有什麼用？我一時也説不清楚，只説這都是記錄歷史的底片，終將會有用的。他看到我們夫婦倆神情凝重，像劉備託孤似的對他以命相託這批底片，便誠懇地答應了。文革結束後，李明達擔任黑龍江日報社機關黨委書記多年，直到退休。

李明達真的是個好人，是我遇到的貴人。在那個紛紛搜尋他人材料舉報立功的歲月裏，他保持了高貴的沉默，守口如瓶三十七年，直到2006年NHK跟隨我到哈爾濱拍攝紀錄片時，明達兄才面對鏡頭説出了這個秘密。

在四清運動期間，我們到農村是去指導和發動貧下中農批鬥「四不清幹部」的，但我們去五七幹校，是接受貧下中農的再教育。這得通過每天非常辛苦的勞動來實現，包括種地、割草、砍柴、伐木和修路。儘管不允許拍照片，我仍然偷偷帶了兩台相機，一台是蘇聯製造的135型的卓爾基相機，另一台是中國製造的上海4型雙鏡頭反光的120型相機。不過我只拍了幾張林海雪原中的景色，以表達我心中的情緒。諸如，曾用一位來幹校採訪並看望我的老友德振的哈蘇相機，拍了兩幅自我激勵的照片：一是大雪覆蓋的森林中一棵大樹，寓意「天生我材必有用」；二是雪原中掙扎著露出頭的兩棵小草，後來我在照片後題寫英國詩人雪萊（Percy Bysshe Shelley）的名句：「冬天到了，春天還會遠嗎？」

當時，凡是發配到五七幹校勞動改造的人，都被告知要一輩子扎根農村幹革命，有的人還被遷出了城市戶口，這使很多人感到前途無望，都認為再也無法回城去幹自己熱愛的專業了。與我同在一個營的有黑龍江省歌舞團幾位知名的歌唱家和舞蹈演員，剛開始時他們清晨都會練練聲和練練功，後來遭到批判，説他們沒有一輩子扎根農村的思想，練聲練功是夢想還會登上舞台，在這之後便再也聽不到他們練聲，也看不到壓腿彎腰的身影了。我則堅信將來還會幹攝影一行，所以在勞動中特別注意保護眼睛和手指，因為不少人在收割稻穀或砍柴伐木時，失去了手指或刺傷了眼睛。我常常提醒自己，萬一無可選擇地要傷害到手眼的話，寧可傷害右眼而別

在五七幹校期間，李振盛在
樹林中獨自做防火巡邏時拍
了兩張照片自我激勵。

左圖：「天生我材必有用。」
（1970年12月25日，慶安
縣）

右圖：「冬天到了，春天還
會遠嗎？」（1971年1月7
日，慶安縣）

弄傷左眼，因我拍照時總是用左眼取景；寧可傷了左手千萬別傷右手，我總是用右手食指按快門。

有一次，我看到一個人操作電鋸時被一塊飛出的木塊擊中頭部，當場倒地死亡。我提議應當為這位五七戰友開個追悼會，陳姓營教導員說：「怎麼能給右派分子開追悼會呢！」原來這位來自省水利系統的工程技術人員，在1957年曾被劃為右派。他的屍體被用草席捲起埋葬在樹林裏，別說墓碑，連個木牌也沒有。我覺得如此這般對待一名因公死亡的知識分子很不公平，但卻不能公開說出來。

五七幹校的生活從某些方面來看，好像又回到中學集體住校的日子。剛到幹校時，每人發一塊兩米長的槍形毛坯厚木塊，由五七戰士自己動手刀砍斧鑿，再用砂紙打磨，製作一桿像三八大蓋的木頭槍。我做的木槍很像模像樣，手感光滑，受到好評。每天凌晨吹號起床集合，人人手握木頭槍，對著尚未天明的夜空練刺殺。當時，正值蘇修在我國北方邊境陳兵挑釁，毛主席號召「要準備打仗」。我那桿木槍一直保存了半個世紀，現在在成都建川博物館聚落的「李振盛攝影博物館」中陳列展出。

五七幹校的住宿條件比我讀中學的宿舍還要差。幾十個人一塊睡在臨時搭成的很不平整的木板床鋪上。我們經常要穿著衣服抱著木槍睡覺，因為半夜常會突然響起緊急集合號聲，要立馬起床手握木槍跑出去，參加夜間軍訓拉練。這被認為是全民皆兵的訓練，實際上是一種折磨。每頓飯，只能吃到玉米麵窩窩頭，或有砂子有穀殼的米飯，還有蘿蔔湯。蘿蔔絲總是沉到桶底，但盛湯時不允許用湯勺去撈。有一次，與我在同連隊的省高級人民法院院長王丕年，只是用勺子攪動了幾下，讓蘿蔔絲漂起來，盛湯時能有幾根絲，就被批評為「沒有站在毛主席的革命路線上」，這叫「勺子底下見路線」。

結果，桶裏的清湯都被喝光了，沉在桶底的蘿蔔絲沒人敢去撈，儘管人

人都想吃。最後眼睜睜看著它們被送回廚房，倒進豬食槽裏餵豬。

我們所經歷的痛苦是難以想像的，一言難盡。對女五七戰士來說，包括我妻子祖瑩俠在內，更為痛苦的是，即使在月經期或懷孕時，誰也不敢請假，照常出工。初冬時節照樣要參加破冰割蘆葦大會戰，敲碎薄冰下到齊腰深的冰水中，彎下腰伸手去割冰水中的蘆葦。其實本該在深秋尚未結冰時下水割蘆葦，但為了鍛鍊堅強的革命意志，偏要選在入冬結冰時組織所謂的「大會戰」。很多女五七戰士落下婦女病，男的則是關節炎。

我曾在四營建材連為學校蓋房子生產預製板。這些預製板先由木絲和黏合泥漿混合起來，然後倒到一個木框中，壓實之後，用小車沿著兩條懸空軌道推到乾燥窯中，烤到堅硬為止。鐵軌下方是很深的坑道，將熱氣從管道中排入窯內。我們必須在兩條架空的鐵軌上摸黑行走，要特別小心才不會掉下去。還需要將袖子和褲腳管繫緊，防止大量灰塵進入。在那裏工作就像在鍋爐房，一整天都穿梭於高溫與寒冷驟變之間。

除了艱苦的簡單的重體力勞動之外，晚上我們還必須學習毛主席著作，參加討論講述八股文式的心得，並根據毛澤東思想分析我們的世界觀。毛主席的「最高指示」觸及我們生活的方方面面。記得一位省裏來的高級幹部，是位老年婦女，有一次在無燈光的乾燥窯裏推車往前走，一不小心從鐵軌上掉下去。她被拉上來之後，滿臉滿身蒙上一層黑碳灰，不但沒有被送到醫務室診治，反而要當場分析她為何會掉下去，說她的錯誤是「沒有走在毛主席的革命路線上」，那兩條鐵軌就是「革命路線」。另有一次，老幹部王丕年收工時將一把鐵鍬靠在牆上沒立住，鐵鍬倒到地上。他早在1935年就投奔延安，跟隨毛澤東一道在延安幹革命，現在卻要用路線來分析他為何讓鐵鍬倒

李振盛在柳河五七幹校的林海雪原中（自拍，1970年2月15日，慶安縣）

下。我所在的第四營，地處柳河的深山老林，距離校部二十多里路，來自《哈爾濱日報》的營教導員陳桂森創造性地提出一個響亮口號：「吃小米，爬大山，路線分析，解剖世界觀」。受到校領導讚揚，並被作為經驗推廣，還譜成歌曲廣為傳唱。吃小米，爬大山，雖然很苦很累，但咬咬牙也就挺過去。最怕的就是路線分析，解剖世界觀。誰攤上了，那就算倒了血霉啦，我就攤上兩回，本不涉路線的事，非要往路線上扯，讓你有口莫辯，那滋味真難受。

在五七幹校，已婚夫婦不允許住在一起，要分別住到男女集體宿舍裏。我和瑩俠同在第四營，分配在兩個連隊，有時在勞動時能看到她，

但只能相互看一眼，並且以點頭來打招呼。後來，稍微改善了對夫婦五七戰士的待遇，每月允許有一次可以在一個土坯小房間臨時過一夜。當我們在一塊時，瑩俠經常為想兒子而哭泣。兒子笑寒被送給山東老家奶奶代養時不到一歲，甚至還沒有斷奶。我們非常想念他，但不能夠表示出來，也不能感情外露。從生理上、精神上、心理上，我們都在受折磨，但卻要一直表現出革命的樂觀主義精神。

李振盛在山東老家抱著由爺爺奶奶代養的兒子笑寒（自拍，1972年1月8日，　山東榮成縣）

我們在四清運動時第一次到農村，儘管吃過很多苦，也很饑餓和勞累，卻仍然感到快樂。我們知道，一年左右便能回到城裏。但在五七幹校卻沒有這種指望，那時有一句口號是：「響應毛主席的偉大號召，一輩子扎根農村幹革命」。

在幹校，外界新聞的唯一來源是高音喇叭。我們非常仔細地聽新聞廣播，因為政治風向的任何變化都可能改變我們的命運。因此1971年6月，當大喇叭廣播中央宣佈免除黑龍江省委第一書記、省革委會主任潘復生的職務，並對他進行審查時，我感到非常興奮。黑龍江是全國第一個成立革委會的省份，潘的下台意味著中央委員會和毛澤東的政策出現了重大轉變。這個消息使柳河五七幹校一時處於混亂狀態之中，誰在掌權呢？五七幹校原本是由自身也受過批判、但被認為還是信得過的幹部領導的，但潘下台之後，他們需要向誰請示彙報？他們原來執行的潘復生左的那一套，早已不得人心了。終於，五七戰士紛紛開始尋找理由離開幹校，他們向學校的領導人説「母親生病」或「我老婆要生孩了」等等，沒有人阻攔他們離開。我藉口父親病重，需要回山東老家探望父母和兒子笑寒，在8月與瑩俠也離開幹校。

從山東老家返回哈爾濱時，一位朋友告訴了我一個重大的事件：「林禿子摔死了！」毛澤東的繼承人林彪背叛了主席出逃蘇聯，途中在蒙古墜機死亡。當時官方的消息還未發佈。

我一開始就不喜歡林彪這個人。他在1940年代與國民黨作戰時表現得很勇敢，但他執行了極左的路線、提出「四個偉大」、「紅寶書」等，代表極左勢力，這種勢力控制著五七幹校。不僅如此，他形象差，不討人喜歡。在我們山東老家，牆上貼有一幅毛主席與林副主席的年畫照片。有一次母親皺著眉頭看著年畫説：「你看看林彪，長得尖嘴猴腮。他哪裏像毛主席那麼福態，看上去就像是毛主席的一個馬童。」我趕緊告訴媽媽，這種話可不能亂説。

林彪的死亡，意味著政治形勢將出現重大改變，一些極左路線將被拋

棄。人們開始公開懷疑文革，並提出處理前幾年一些錯誤的問題，要求落實政策。

我總覺得受到了不公正的待遇：我只是造反派之間權力鬥爭的受害者，這種鬥爭與革不革命完全無關。我決定不回五七幹校，而是與原來一起挨整的朋友聯繫，試圖長時間留在哈爾濱要求報社落實政策。在白靖夫和劉歧祥兩位朋友幫助下，寫了許多標語，打算貼在省革委會的院牆上。標語是這麼寫的：「《黑龍江日報》當權派一直在執行一條資產階級路線，壓制革命群眾，排除異己。《黑龍江日報》必須落實黨的知識分子政策。」下面署名為：「黑龍江日報社廣大職工」。

劉歧祥是我在電影學院攝影系的同學，也從事攝影工作，我幫助他從黑河地區調到省城，在農業展覽館找到工作。白靖夫是一名畫家，與劉住在同一宿舍，我們三人成為了好朋友。因我的字跡很容易被報社的人認出來，所以我讓白靖夫代寫。之後便捲起大標語，準備好漿糊，打算將它們連夜張貼上牆。但是，劉和白很喜歡喝度數很高的白酒，那天晚上出發前，我們仨一起在我家吃飯，他們倆喝得爛醉。第二天晚上他們又喝醉了。第三天晚上，我堅決要求他們在將標語張貼之前不要喝酒，終於最後將標語貼到省革委會大院的木板牆上。

這些標語立即引起轟動。省革委會認真對待，並打電話給報社。報社的負責人已經因為新的政治氣候受到威脅，把持報社大權的聶剛等人現在變得非常害怕。潘復生倒台後，根據國家的新政策，前任總編輯趙揚恢復工作；各造反派頭頭在一起舉行交心會議，相互沒有指責對方，沒譴責別人，而是自我反思，做自我批評。

當時稱這類會議為「爬坡會議」，是指毛主席的最新指示，要求全國「團結起來，爭取更大的勝利」。1972年2月，報社召開了一次由所有造反派和全社職工參加的「爬坡會議」，我代表原「紅色造反團」的群眾，作了一次感性的自我批評。我承認，我們的造反組織攻擊了其他組織的弱點，把他們打成保守派，以證明我們更革命。我自我批評：「我是派性障目，不見對立派的革命大方向」。

會議室坐滿了原來的盟友和原先是對立派的人，大家都報以熱烈的掌聲。

這次會議之後，趙揚總編說，歡迎我和妻子回報社工作。攝影組的老組長張戈已退休，

諾羅敦‧西哈努克（Norodom Sihanouk）親王與夫人諾羅敦‧莫尼列（Norodom Monineath）在下榻的和平村國賓館門前與新聞記者合影，左二為李振盛（胡偉攝，1972年5月26日，哈爾濱）

我被任命接替他的職位。瑩俠繼續在文藝部做編輯。我們夫妻倆在柳河五七幹校苦熬了兩年半之後，終於被正式調回報社重操舊業。

　　剛開始的幾個月裏，我並沒意識到重返新聞崗位的變化，一直到那年5月份，我作為報社攝影記者被派去採訪柬埔寨國家元首諾羅敦·西哈努克親王訪問哈爾濱。這是我在「接受再教育」之後，第一個重大外事採訪任務。親王在哈爾濱的五天訪問我都全程隨同，省外辦還為記者們統一製作了灰藍色布料的衣帽套裝。第一天，我站在面對西哈努克親王的另一輛紅旗牌敞篷攝影車上，拍攝親王微笑著向歡迎人群揮手的照片，寬廣的馬路兩旁站滿了揮舞小旗的人群。我突然意識到：在這麼多苦難經歷 —— 艱難的造反、短暫的掌權、痛苦的批鬥、午夜的抄家、寒冷的拉練、五七幹校的勞動改造 —— 之後，我堅韌地挺過來了。我仍然在這裏，依然站立著。

1968—1972 年

文革中「鬥、批、改」的口號從 1966 年正式提出，到 1968、1969 年成為全國性的大規模實踐。經過瘋狂動亂的幾年後，毛澤東和他身邊的小圈子，包括副統帥林彪、妻子江青等，已經把大權牢牢掌握在手裏。此時，前國家主席劉少奇已被清除，中國的 29 個省市自治區已由新成立的革命委員會接管。紅衛兵在其破壞力量被利用完了之後，退出了文革舞台的中心。

　　儘管此前一再呼籲「復課鬧革命」，劇烈的震盪和巨大的混亂仍無法有效制止。到 1968 年暑期，大學仍不招生，工廠仍不招工，66、67、68 三屆高中畢業生共四百多萬人呆在城裏無事可做，成為亟待解決的社會問題。於是 1968 年 12 月 22 日，《人民日報》發表毛澤東指示，在全國開展了知識青年「上山下鄉」運動。此後到 1978 年，加上初中生及城市裏其他無業青年人，形成了近兩千萬人的知青大軍。

　　此外，為了給從中央到地方的黨政機關及各行各業被打入「另冊」的幹部找出路，1968 年 5 月，黑龍江破天荒地創辦了全國第一所「五七幹校」：柳河五七幹校。毛澤東對此充分肯定並將其作為改造幹部的典型，於是各地紛紛仿效，在全國農村的窮鄉僻壤辦起了五七幹校。數百萬被打倒的黨政幹部和知識分子被下放到農村，成為「五七戰士」。一直到 1979 年，五七幹校才從中國的歷史舞台上消失。

　　按照毛澤東的設想，1969 年 4 月的九大之後，文革就應該進入「鞏固勝利成果」的階段。一方面通過全面的「鬥、批、改」落實政策，加強團結，恢復國家的正常秩序，鞏固無產階級專政；另一方面，按照「抓革命、促生產」的方針，發展生產，提高人民的生活水平。但是，「天下大亂」造成的破壞實在巨大，留下的矛盾堆積如山，積重難返。在全國大多數地區局勢趨於穩定，派性鬥爭逐漸平息的情況下，少數地區的武鬥和派性鬥爭還在繼續，局部動亂，綿延不絕。

　　這個階段，國家宣傳機器把重心轉向對既定價值觀的正面強化，強調共產主義革命固有的優越性，以及對毛澤東絕對的奉獻和崇拜。毛澤東的追隨者們都以健康、快樂、生氣勃勃、無限忠誠的面貌出現。少年兒童因為天然帶有這些特質，成為這個國家經過這幾年浴血重生的理想象徵，經常出現在這些造出來的好消息中。

被評為「黑龍江省活學活用毛主席著作積極分子」的五歲小
女孩康文傑為解放軍代表跳「忠字舞」。

1968 年 4 月 28 日，哈爾濱

1968年4月28日、16日，哈爾濱

康文傑為解放軍代表們表演「我是毛主席的紅小兵」（左）。

同樣被評為「黑龍江省活學活用毛主席著作積極分子」的
解放軍戰士王國祥，在哈爾濱郊區為群眾講述自己活學活
用毛主席著作的先進事蹟以後，受感動的群眾紛紛把自
己佩帶的毛澤東像章戴在他的身前身後和軍帽上，共計
一百七十多枚（右）。

哈爾濱市數十萬群眾抬著自製的各樣巨幅毛澤東像,參加
「向偉大領袖毛主席獻忠心大會」。人們相互競爭,彷彿畫
像越大,越能顯示忠心。

　　　　　1968 年 6 月 21 日,哈爾濱

1968年7月16日、9月5日，哈爾濱

記念毛主席暢遊長江兩週年的活動中，游泳健兒下水前捧
讀《毛主席語錄》，以防下到水中迷失方向（左）。

病人們在病房裏對著毛澤東像，手舉《毛主席語錄》，「早請
示，晚彙報」，這也是「造神運動」中的一項活動（右）。

1968年10月1日，參加國
慶十九週年遊行的哈爾濱群
眾，簇擁著向日葵花環繞的
毛澤東巨大雕像，象徵億萬
人民心向「紅太陽」（左）。
小學生高舉毛澤東在天安門
城樓上檢閱紅衛兵的彩色照
片，手持各種顏色的汽球，
慶祝國慶（右）。

　　　　　　　　1968 年 10 月 14 日，哈爾濱

1968年8月，巴基斯坦外
交部長贈送給毛澤東一籃大
約四十個芒果，毛澤東把這
當時還鮮為人知的水果轉送
給清華大學的工宣隊，為表
示在紅衛兵解散後對工人階
級的信任。工宣隊員受寵
若驚，將其分發給北京的大
工廠，一同享受毛主席的恩
寵。自此全國掀起一股「芒
果熱」。後來有工廠仿製了
蠟芒果裝進玻璃盒中，轉贈
給各省工農兵代表。黑龍江
省赴京參加國慶觀禮的代表
歸來時手捧著「聖果」，在哈
爾濱火車站受到夾道歡迎。

在中國朝穩定的方向趑趄前進的途中，暴力仍在繼續。文革中對被打倒的「走資派」和所謂的「叛徒」、「特務」等階級敵人實行殘酷鬥爭、無情打擊，同時往往株連到他們的親屬。

1968年底，哈爾濱就發生過這樣的慘案，涉及中共黑龍江省委第一書記、時任中共中央東北局第二書記歐陽欽的兒子歐陽湘。文革之前，歐陽欽是黑龍江省權力最大的人。文革開始後，他成了紅衛兵打擊的頭號人物，以潘復生為首的黑龍江省革委會，把他定為「黑龍江省最大的走資派」，誣指「歐陽欽一貫反對毛主席」。1920年代歐陽欽在法國留學的時候，就已經和周恩來相識。當歐陽欽在1966年夏天被打倒後，周恩來安排他到北京空軍總醫院以「治病」為名予以保護，黑龍江省紅衛兵到北京揪鬥未果，歐陽欽躲過一劫。但他的兒子歐陽湘就沒有那麼幸運了。

在長春工作的歐陽湘，於1968年11月24日化名「洪新建」，向黑龍江省革命委員會寫信說明歐陽欽一貫擁護毛主席。這件事被潘復生定為「68.11.24現行反革命案」，列為全省重大反革命案件，限期破案。僅用兩天半時間，歐陽湘的字跡便被人認出。他在長春被逮捕，被押解回哈爾濱，在北方大廈前廣場舉行公審大會。當他試圖高喊「毛主席萬歲」的時候，周圍的造反派用沾滿機油的髒手套塞進他嘴裏，制止他喊口號。幾天後，他被看押他的造反派從三樓廁所窗口推下去摔死。官方報告稱，他死於自殺。

　　　　　　　1968年11月30日，哈爾濱

前黑龍江省委第一書記歐陽欽的兒子歐陽湘被從長春光學
機械所押解到哈爾濱北方大廈前廣場進行公審。

歐陽湘不斷試圖呼喊「毛主席萬歲」的口號，周圍的造反派
用沾滿機油的手套將他的嘴堵上。

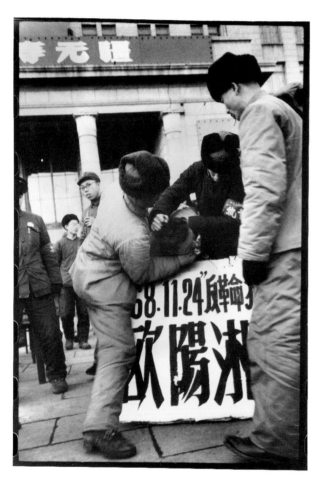
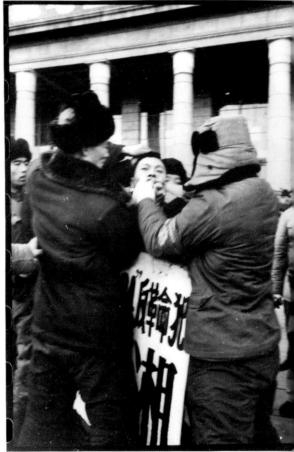

　　　　　　　　　　1968 年 11 月 30 日，哈爾濱

儘管嘴被堵住，但歐陽湘仍不斷痛苦而頑強地呼喊口號，一群人衝上來拽他的頭髮，把他的口鼻捏住，並拳打腳踢。最終歐陽湘支撐不住而倒地。幾天後，他被推下樓而死亡，官方稱其為自殺。一直到1970年代末胡耀邦主持平反冤假錯案才得以平反。

　　　　　　1968年11月30日，哈爾濱

徐德貴是哈爾濱偉建廠工人，在工廠學習「將劉少奇永遠開除出黨」的中共八屆十二中全會公報的班組會上，由於問了一句「劉少奇這一輩子是不是也幹過一點點兒的好事？」而獲罪，與歐陽湘一起被批鬥，判刑二十年。因「現行反革命」的罪名已無新鮮感，省革委會保衛部想出了一個從未有過的新罪名：破壞公報反革命犯。

1968 年 11 月 30 日，哈爾濱

毛澤東誕辰七十五週年時，
哈軍工紅色造反團的紅衛兵
在寒風中學習《毛主席語錄》
（左上）。

駐哈爾濱歌劇院的工人毛澤
東思想宣傳隊，帶領演職
人員到雙城縣希勤公社，一
邊參加勞動，一邊搞「鬥、
比、改」（左下）。

牡丹江印刷廠的女工們正在
裝訂新印製的《毛澤東選集》
四卷合訂本（右）。

駐守在黑龍江省五常縣拉林機場的空軍飛行員，響應毛澤
東「團結起來，準備打仗」的號召，在停機坪前學習《毛主席
語錄》（左）。兩名空軍飛行員在起飛前一起學習《毛主席語
錄》，以免飛上藍天後迷失航向（右）。

　　　　　　　　1969 年 7 月 19 日，哈爾濱

1969 年 7 月 23 日，哈爾濱

哈爾濱市大專院校的師生觀看紀錄影片《毛主席，我們心中
的紅太陽》，每當毛澤東的形象出現在銀幕上，觀眾都激動
地高呼：「毛主席萬歲！」

黑龍江省安慶縣柳河農場，地處哈爾濱北部
150公里。中國的第一座五七幹校就在這裏誕
生。和中國其他地方的勞改農場一樣，在柳河五
七幹校，即使夫妻雙雙下放到這裏，也要分配在
不同連隊生活勞動，分別住在集體大宿舍裏。幹
校成員白天參加繁重的體力勞動，大田耕作、水
田插秧、林海伐木、護林防火、蓋簡易房、破冰
下到齊腰深的水中割蘆葦……晚上則學習毛澤
東著作。

　　1960年代中期的四清運動中，城裏來的幹
部通常派駐農村一年，和當地農民同吃、同住、
同勞動。五七幹校則不同，發配到這裏勞動改
造，是沒有具體期限的。幹校一般地處偏遠貧困
的農村，與世隔絕，生活條件惡劣。來到這裏的
學員，也被稱為「五七戰士」。他們一旦來了，
就不知道什麼時候才能離開。

　　1971年9月13日發生的一件事成為了文革
的重要節點。據傳聞說，副統帥林彪擔憂毛澤東
已對其失去信任，制定了武裝政變計劃，結果行
動提前敗露，林彪慌張乘坐三叉戟飛機出逃，因
為不明原因，飛機在蒙古境內墜毀，機上全部人
員死亡。此事至今仍疑點重重。但在當時，這位
五七幹校主要倡導者的死亡，頓時使幹校的未來
不明朗起來。

　　　　　1969年12月15日，黑龍江省慶安縣

柳河五七幹校的「五七戰士」們在校區總部大院設立的《毛主
席去安源》的巨幅油畫像前合影。

1972 年 5 月 23 日，哈爾濱

1972年5月23日，柬埔寨國家元首西哈努克親王由中國人大副委員長徐向前陪同訪問哈爾濱，人群夾道歡迎。

　　林彪對毛澤東所謂的叛變，以及隨後的死亡，對中國此後的政治走向有著深遠的影響。有研究認為，此事對毛澤東的身體和心理產生了沉重的打擊。另一方面，從這一驚心動魄的事件中，人們發現鼓吹個人崇拜最厲害的林彪竟然「陰謀殺害毛主席」，由黨章規定的接班人竟然叛逃出國，促使人們開始思考：文化大革命給黨和國家帶來的是什麼結果、什麼前途？

　　「九一三」事件後，中國的對外政策發生了重大變化。過去一段時間以來，蘇聯軍隊在中蘇邊境界河烏蘇里江珍寶島地區不斷升級的邊境騷擾行動，令毛澤東備感威脅。在這種情況下，他不顧美軍在越南戰場的持續軍事行動，出人意料地向美國拋出橄欖枝，包括邀請美國的乒乓球隊來中國打友誼賽。「乒乓外交」打響了前奏後，1972年1月，美國國務卿亨利‧基辛格（Henry Kissinger）與中國總理周恩來秘密會談，敲定兩國元首將於2月在北京正式會面。在這兩次重要會晤的中間，中華人民共和國正式取代台灣，重返聯合國。

　　美國總統理查德‧尼克松是堅定的反共產主義者，而毛澤東一輩子都在幹革命，兩人歷史性的會面，發生在1972年2月18日。三個月後，流亡在外的柬埔寨國家元首西哈努克（Norodom Sihanouk）親王來華舉行國事訪問，隨後寓居北京，直到1975年返回柬埔寨。藉此時機，毛澤東也與未來將帶領中國走向改革開放的領導人鄧小平修好。

西哈努克親王腹稿了一首新歌《萬歲，人民中國！萬歲，
主席毛澤東！》，到達哈爾濱後請《大海航行靠舵手》曲作
者王雙印為他記譜作曲，並由王雙印登台演唱。親王和夫
人及全場觀眾鼓掌慶祝首演成功（左）。5月28日，西哈努
克親王與夫人乘專列離開哈爾濱，與送行的人們揮手道別
（右）。

　　　　　　1972年5月26日、28日，哈爾濱

中蘇關係在1969到1970年代早期十分不穩定，邊界上小
衝突不斷。中國邊境地區的武裝民兵在晨霧中的烏蘇里江
上一邊捕魚一邊巡邏。

　　　　　　　　　　1972年9月23日，黑龍江

第五部分

1972年初從五七幹校回到哈爾濱以後，我們的生活與下放之前大不同了。紅衛兵不存在了，林彪也已不存在，再也看不見造反集會、批鬥的高帽和牌子，聽不到遊行集會的聲浪了。1968年之前三年裏，如果你指責某個人是保守派，他會非常憤怒；你要說誰是逍遙派，他會跟你急眼。轉眼幾年之後，情況大變了，大家都比較放鬆，都想待在家裏，好好陪著家人，盡力培養孩子，女的織毛衣，男的則自己做家具，真的都成為逍遙派了。我也自行設計圖樣，買些木料做家具，先是做了四個方凳，後來又自製一個大書櫥，那兩塊磨砂玻璃拉門是我最得意之作。現在，那個大書櫥陳列在「李振盛攝影博物館」裏。

　　紅色革命風暴已經基本結束。

　　我和瑩俠想迅速彌補失去的時間，先是將兒子笑寒從山東爺爺奶奶家接回哈爾濱——當時他已學會走路，但不記得也不認識我們，而且一口濃重的山東口音，完全成了一個農村孩子；然後毛主席在中南海的菊香書屋會見理查德·尼克松總統之前的兩星期，1972年2月6日，我們的女兒誕生了，取名為「笑冰」，期望她能具有笑傲冰霜的堅強性格。

　　在經歷了那些寒冷和孤獨勞動的日子之後，我突然發現自己有了一個真正的家。我們全家仍然住在地板下藏底片的那個房間裏。抄家的日子也已過去，我不需要再把它們藏起來，而是從地板下拿上來，將它們放在一個上鎖的櫃子裏。許多人與我一樣，原先的職位也被恢復，包括住在同一棟房屋裏原先被指責生活過於鋪張的那位老幹部。最終為落實政策，這一整棟別墅被歸還給了他，房產部門便為我們另安排一處離報社更近的房屋。新房在簡易樓裏，一室半大小，兩個房間，我們很高興，終於可以開始新的生活了。

　　然而，儘管政治風向可能已經改變，人們的內心並不可能完全恢復。在報社舉行「爬坡」會議之後，大家又變得友好起來，但這只是一部分表象，原來的對手之間，甚至盟友之間的恩怨情仇仍然持續存在，甚至延續到他們之間的子女。一直到文革結束，人們仍然不能完全相互信任。

　　我申請入黨所發生的事情便是例子之一。在長春電影學院時，我第一次申請入黨。當時每一名學生都想入黨，因為這是進步青年的標誌，動機十分純潔。學院裏一百五十名學生中只有一名是黨員，在我們攝影系，就是那位曾與我一同作為上訪陳荒煤局長的學生代表，卻臨時稱病不能參加的老大哥張雅心。當時我的確認為我很有可能被接納入黨。我哥哥李振曆是為國犧牲的革命烈士，父親李元鑑每年都被評為勞動模範，而且是工人，還是共產黨員；我本人是新中國第一批少先隊員，在中學加入共青團，從小學、中學到大學一直擔任班長。然而，黨組織認為我過於注重成名成家，有「資產階

李振盛和妻子祖瑩俠、兒子
笑寒、女兒笑冰在家中合
影（自拍，1972年9月2
日，哈爾濱）

級的名利思想」，連我們班那位全校唯一的黨員同學都通不過，所以拒絕了
我的申請。

　　我開始在黑龍江日報社工作時，入黨便成為一個更現實的問題。報社攝
影組的其他四名攝影記者都比我年長，有三名是黨員，另一位也很快爭取入
黨了。我仍然一直不是黨員，無資格採訪黨的各種正式活動，這嚴重影響到
我的正常工作，甚至到農村採訪時都不能旁聽生產隊黨小組會議，讓我的人
格與尊嚴受到了傷害。每年省裏召開人大和政協的「兩會」，趙揚總編會直
接指派我去採訪，他認為我拍的多底接片大場面照片發在報紙上很有氣勢。
但是「兩會」之後的黨代會，我就不能採訪了。即使在我擔任攝影組組長之
後，我也必須派其他黨員記者前去採訪省黨代會。趙總編也就發不了「有氣
勢」的大照片了。

　　趙總編老早就知道組裏的資深記者都不會拍多底接片，便讓我教教他
們。自從我進報社第二年8月首次拍了大場面照片見報後，看得出他們四人
嘴上不吭聲但覺得這種拍法很好，我作為小字輩不敢說「教」他們，就真誠
地「演示」給他們看，他們也反覆試拍多次，但就是「接不起來」，反倒弄得
我乾著急。

　　由於我無法採訪拍攝黨的活動和會議，攝影組的其他攝影記者便在背後
笑話我這個「非黨記者」的組長，還背地裏議論，要是讓李振盛入上黨，那
就有兩隻翅膀了（在他們看來，我科班出身，業務這隻翅膀他們壓不過我，
惟有不讓我長出政治這隻翅膀）。我覺得這對我來說是一種羞辱，是政治上
的歧視，於是從五七幹校回到報社後，我便再次申請入黨。

黨組織要對每個申請人進行非常徹底的調查。他們首先會查看你的人事檔案，而後坐車乘船到你的家鄉、中學、大學以及工作過的地點，與你的鄉親、老師、朋友同事交談，從中傾聽並記錄對你有利或不利的說詞。所以，我經歷了一生中第二次政治調查。第一次是1968年春天，那夥「支左革命小將」為了打倒我，派劉姓紅衛兵所作的絕非善意之外調，目的是想把我搞臭，但沒有得逞。這一次是時隔六年之後，為了我入黨，由另一位劉姓同事所做的出乎意料之外調——沒想到他想把我阻隔在黨外，而且做到了。

這位劉姓同事是由我親自調進報社來的攝影組成員，他悄悄告訴我，由他和曾與我在單身宿舍住對門的吳姓編輯負責我的入黨調查。劉對我說：「你儘管放心吧，由我去外調，能有啥問題？等我一回來，保準你能入黨。」我當時對他說：「入黨外調算是黨內機密，你不應當對當事人說的。」他說：「咱倆誰跟誰呀。」

劉曾經是呼蘭縣通訊組的攝影通訊員，常常親自來省報上門送稿，與攝影組各位記者都很熟，尤其是我在五七幹校的兩年多裏，劉與攝影組僅有的兩名記者萬繼耀、郝松林成為了好朋友。當我1972年5月回到報社任攝影組組長時，萬、郝二人極力鼓動我把劉調進報社。這年6月，縣委對劉的表現很不滿意，決定將他下放到一個邊遠的公社廣播站去，因此他緊急趕到省城來報社向我們求救，說縣委要整他，無法再待下去了。我因被整過而同情他，同意救他一把。先去請副總編馬放給他熟識的縣委書記寫封信，費盡周折說服我的老朋友、《大海航行靠舵手》曲作者、呼蘭籍的王雙印出馬，我又向曾一起搞過社教的省建設廳環保辦的劉洪年處長借來一輛吉普車，和王

雙印及萬繼耀趕往呼蘭縣城。我和王雙印先去向縣委書記說明來意，並遞交馬副總編的親筆信，希望縣委能支持省報，同意把劉調到《黑龍江日報》工作。縣委書記聽後笑了，說縣委機關群眾反映該同志人品不好，沒啥能耐，野心不小，對幫助過他的領導也恩將仇報。最後書記不無幽默地說，「你們來得還算及時，再過一兩天，就派他到僅有兩個編制的公社廣播站，當副站長。既然你們想要他，那就『支援』給省報吧」。這話弄得我和雙印很難堪，回到劉的家裏，心直口快的王雙印問他：「你老兄怎麼都混到這份上了？」劉滿臉通紅央求我們千萬別對他的妻子說出實情。我問老萬怎麼辦，他對劉說，你可沒對我們說實話呀，這太

不夠意思了。無可奈何地對我說，事已至此只能辦下去了。後來回到報社後也並未如實向總編彙報。劉的調轉手續很快辦了下來，全家也搬到了省城哈爾濱。

現在，他對我的仁慈的報答，卻是積極地作不利於我的調查，秘密阻撓我入黨。

在阻止我入黨的問題上，劉、萬、郝三人結成聯盟，每天上班後便悄悄出去，到與攝影組辦公室隔街相望的報社宿舍老郝家裏，一起商討編寫整我的大量材料。此事讓郝的外甥實在看不下去，他從一堆材料中抽出幾十頁紙交給我，說他們太沒良心了。

最後，劉從我在1973年5月回家鄉探望父母的一次旅行中，找到所要找的藉口。那次旅行對我具有特殊意義，因為我在中途去見了一位從未謀面的老朋友、中學時便神交的印度尼西亞華僑郵友曾慶瑞。他喜歡音樂，我曾通信鼓勵他回國讀音樂學院，他作為一名愛國華僑在1960年代初攜妻返回中國，先讀華僑補習學校，後上華僑大

學。正好趕上文化大革命，那時歸國華僑都被視為「特嫌」，因此畢業時被「內控」分配到山東省離我老家約100公里的牟平縣第一中學教英文，他妻子被分配到牟平縣紡織廠當工人。

對於這次見面，我們雙方都十分激動。雖然自1957年以來我們一直保持通信並交換郵票，但從未見過面，只是看過照片而已。我預先在長途電話中告訴他我將穿戴的情況，為了便於相認，我戴了一副太陽鏡和一頂鴨舌帽，並背著一個銀灰色的攝影包。當時大家的穿戴都很普通，多是藍、灰、黑色的中山裝，或草綠色軍裝。所以，當我在牟平縣汽車站下車時，我的裝束引起了人們的注意 —— 我可能會被認為是海外來的特務。慶瑞認出我來時也覺得好笑，我們一塊回到他租住的農家小院。他在紡織廠工作的妻子請半天假回家包餃子，大家相聚得非常愉快。我還為他們一家三口拍了照片，我和慶瑞也一起合影留念。

但是由於曾慶瑞夫婦在海外生活過，他們始終被人懷疑是特務，理由很簡單：放棄國外優渥生活，為什麼非要回國呢？他們還經常被人跟蹤監控。

我們那次見面後不久，曾慶瑞的校長便找他談話，為何會與一個戴墨鏡和鴨舌帽的像是從國外來的人見面？更可疑的是你們如果是老朋友，為

李振盛為了兌現「絕不老死黑龍江」的誓言，數次借赴北京採訪之機，到北京聯繫調轉單位。在天安門前金水橋自拍照片明志：一定要調到北京（自拍，1974年6月28日，北京）

264

何還要事先告知見面的接頭標識？人們懷疑這是「特務接頭暗號」。

在山東老家過完春節後，我回到報社，將這次與郵友會面的趣聞，對包括劉在內的幾位同事說了，甚至給他們看我拍的一些照片。但是，這次到山東省牟平縣的調查卻變了味。劉見到曾慶瑞的校長，並沒有告訴他戴墨鏡的人是我，就是他的同事。他們只是「客觀」記錄了校長對這件事的懷疑性說法，回到報社後便向革委會「如實彙報」：李振盛的朋友曾慶瑞的確「與海外來客進行了一次可疑的會面」。意思就是曾慶瑞見過「海外來客」有「特嫌」，我曾與他長期通信並交換郵票，自然也是有「特嫌」了。

在劉、吳二位奉派去山東對我作入黨外調時，黨支部一位好心人路德剛把一份「入黨志願書」交給我，他認為我入黨是近在眼前的事，這份志願書不如早些填好。黨委書記史懷遠和趙總編一樣，都非常關心我入黨的事，曾對我說等劉、吳外調回來，便會督促支部盡快開會討論，支部報上來黨委馬上批准。誰料想外調回來，風雲突變。黨委史書記不解，劉是你調進報社的，他怎麼會這樣呢？此後劉總躲著我，見了面也盡量不說話，再也不像外調之前那般熱情了。

我的這次入黨申請，最終因劉吳二人外調的「特嫌」結論而告吹。這時想起呼蘭縣委書記說過的話，在我身上驗證了。此事令我十分寒心，便決定永遠不再提出入黨申請，終身做一個遵紀守法的平民百姓也挺好。當年我提前填寫的「入黨志願書」現在也當作「文物」陳列在「李振盛攝影博物館」的玻璃櫃中，見證我為入黨而走過的一段艱辛之路。

劉的行為讓我想起寓言《東郭先生》，為了救一隻被獵人打傷的狼，結果差點被狼吃掉。我還剪下根據這個寓言畫的小人書的封面圖畫，放在辦公桌上的玻璃下。劉看見之後臉都發紅，他知道這是指他，因此抱怨說：「你沒有權利這樣做，我是照章辦事。」我告訴他：「如果當初我也照章辦事，你就不可能到省報工作。」他一時無語。王雙印知曉此事後也說：「老弟你是當代的東郭先生啊。」

後來，我終於兌現「絕不老死黑龍江」的誓言，調到北京國際政治學院新聞系任教。劉為我送行時欲言又止，我知道他為夥同黨員同事阻擋我入黨深感愧疚，想道歉又難開口。我便慰藉他，一切已成往事，不提也罷。時隔二十多年以後，國際媒體邀我回哈爾濱拍紀錄片，我住在省報後邊的一家賓館，劉每天清晨上街排隊買豆漿油條送到我房間。他數次說，「我一家人都知道，如果沒有你當年把我調進報社，我一家怎會住在省城呢」。我勸他別說這些了，並告訴他賓館有免費早餐，劉仍堅持這麼做。我明白他為何如此。

在周恩來總理和重新起用的鄧小平副總理的領導下，中國很快在1970年代初開始重建。但這並不等於政治運動的結束。江青夥同王洪文、張春橋、姚文元組成的「四人幫」希望激進的革命不斷持續下去，便與周、鄧這些溫和派搞對立。1973年年底，他們將消逝不久的林彪和古代的孔子扯到一起，發動一場「批林批孔」運動，但很少有人對此熱衷。我認為大部分人都看得出來，這是江青想要推翻周恩來的一個陰謀。然而，周總理非常受人民愛戴，江卻不受歡迎。我想中國或許沒有一個人真的喜歡她，連毛澤東都說不太喜歡她。

江青有時還相當愚蠢。例如在1972年2月尼克松總統訪華之前，她下令上海照相機廠加緊仿製德國造的「徠卡M3」相機，命名為「紅旗牌」，並指令所有參加這次採訪的攝影記者都要使用國產相機拍照，她想讓美國人知道中國人用的是自己的產品。但這種相機質量不過關，快門有時會「卡殼」按不動，膠片也常被劃傷。沒有人願失去為這次歷史性訪問拍照的機會，結果攝影記者們都把紅旗牌相機掛在胸前，假裝在使用國貨，卻在關鍵時刻使用徠卡相機。

中央舞劇團從北京來到阿城縣玉泉公社為廣大農民表演革命樣板戲，圖為演出《沂蒙頌》時，李振盛闖上舞台攝影（王洪本攝，1975年7月23日，阿城縣）

省委宣傳部門希望能將縣委領導與省委領導一同登在報紙上，因此左上圖中左側的兩位縣委領導必須和右上圖中間的兩位省委領導出現在同一畫面中。李振盛因此施行「換頭術」，剪貼、拼湊成了一張新的照片（下圖），同時對一些人物的表情做了處理，使他們看起來更和諧。

萬萬沒想到，在文化大革命中，這位不可一世的第一夫人江青竟然與我這個平民記者的一次採訪經歷有過關聯。那是令人膽顫心驚的可怕時刻。1975年7月23日，我跟隨採訪從北京來黑龍江巡演的中國舞劇團。他們在阿城縣玉泉公社演出革命芭蕾舞《白毛女》樣板戲時，有五萬農民坐在山坡上觀看節目。表演期間，我鋌而走險地闖到舞台中央，從背後拍了一張「大春與喜兒相認」的照片，這樣能夠從照片中看到人山人海的觀眾（本書第296頁）。我為拍到這個決定性的瞬間激動不已，但走下舞台之後，舞台監督非常憤怒，指責我破壞革命樣板戲演出。這個戲是由「革命文藝旗手」江青本人指導排演，並派往全國各場巡迴演出，中國舞劇團團長每天晚上都要通過電話直接向江青彙報演出情況。為此我十分擔心，有點恐懼感。

回到哈爾濱的當天晚上，我趕緊去找時任黑龍江省文化局副局長的老朋友王雙印，他因為《大海航行靠舵手》這首歌唱遍大江南北而升了官，還成

為省委委員。這次省委讓他負責接待中國舞劇團。我到《黑龍江日報》後首次採訪的文藝項目，就是1964年他參演的哈爾濱之夏音樂會，自此與他結識。這年深秋，我與他一同在阿城縣農村參加社教運動，我在田間地頭給他拍了很多為農民教唱革命歌曲的照片。文革初期，他被關進牛棚，我曾以給外賓演唱《大海航行靠舵手》為由，多次請他出來參加外事活動。按他的話來說，「振盛老弟救過我幾次命」。

此次，我到他家是來找他「救我的命」。他聽我如實說明情況後說，「老弟呀，你這是把天捅了個大窟窿！」但是，雙印是個講義氣的人，他答應幫助我。

第二天，他特地去北方大廈與團長共進早餐，團長告訴他，昨天晚間的確已向江青作了彙報，而且她對省報記者竟敢闖上舞台拍照十分不快。江青說，這個記者膽敢站在舞台中軸線上，這使劇中出現了另一個角色，「嚴重破壞革命樣板戲」。這是非常嚴厲的政治指控。她指示團長轉告黑龍江省委，必須把這個膽大妄為的攝影記者「雙開」：開除公職，開除黨籍。江青以為「黨報」的記者必然都是黨員，其實我不是。團長告訴王雙印，早餐後就要去省委傳達江青同志的指示。王雙印說，今天上午你們要乘專列回北京，汽車都在大廈門前等你們吶，沒時間去省委彙報了。王向他保證：「我代表省委負責接待你們劇團，你已經將江青同志指示告訴我，我會向省委彙報，請相信我會處理好這件事。」幸運的是，這位老朋友冒險壓下了江青的指示。雙印悄悄對我說：「此事，天知、地知、你知、我知。上不傳父母，下不傳妻兒。」我倆守口如瓶二十多年，直到文革爆發三十週年之際，原美聯社記者劉香成邀我陪同德國記者赴哈爾濱採訪王雙印時，他才說出這個秘密。

江青的權力欲極強，一心想當「女皇」，還具有極重的報復心理，行為活像一個潑婦。她曾經說：「我是毛主席的一條狗，主席叫我咬誰我就咬誰。」但儘管她如此之壞，我並不認為她能夠承擔得起文革這場災難的全部責任。

小時候在山東老家生活，爺爺教我識字，他讓我做的第一件事是背誦《三字經》。我仍然記得第一句：「人之初，性本善。」

這句話的意思是：人的邪惡是後天發展和養成的，社會和政治變革都能夠改變人性，而且確實已經改變了。因此，我不認為文革中的紅衛兵或學生們都有一顆邪惡的心靈。例如，為李范五省長剃「鬼頭」的那幾個哈軍工六五級學生實在太年輕，都是十幾歲的孩子，他們只是在「跟隨毛主席幹革命」，聽從偉大領袖的號召。毛澤東說：「革命不是請客吃飯……革命是暴

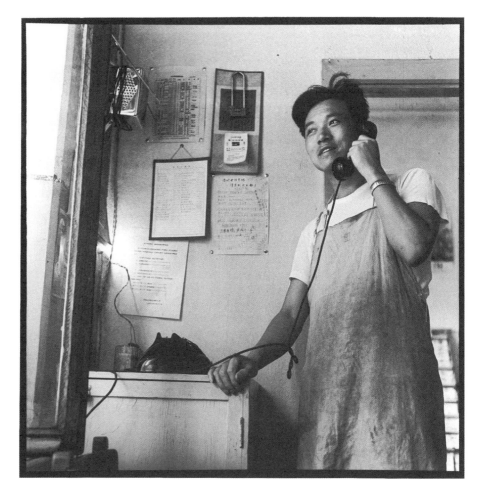

動，是一個階級推翻一個階級的暴烈的行動。」還說過，要把「牛鬼蛇神」打翻在地，再踏上千萬隻腳。

　　我的同齡人並沒有直接經歷1950年代鎮壓反革命和反右運動，我們是在共產黨的培養下長大的，一直歌唱「沒有共產黨，就沒有新中國」，相信是毛主席將中國人民從萬惡的舊社會解放出來，認為他是為人民謀幸福。但是，他卻利用了我們這種單純的情感，引用當年他反對蔣介石政權的「造反有理」口號，來清除身邊的其他領導人，無端地號召人民起來造劉少奇和鄧小平的反。如果毛澤東需要清除劉少奇，他沒有必要為打倒對手而調動群眾，從而把億萬人民推入空前的劫難之中。

　　文化大革命是由毛澤東錯誤發動、被一群野心家利用的一場空前大動亂、大災難。毛澤東當時認為黨內已出現資產階級、修正主義，有發生變修或政變的危險，試圖以他的「極左」思想、「僵化的社會主義烏托邦」思維來改造中國。結果，整個中國都遭受深重的苦難。從某種意義來説，他也感受到了痛苦。可以説，毛澤東本人也是他自己發動的文化大革命的受害者，他所點燃的革命烈火也燒到了自己。當他去世的時候，大部分的人早已意識

到文革是一場大災難，有一種説法是「搬起石頭砸自己的腳」。

今天，經過四十年的改革開放，人們的思想已經解放，能夠獨立思考與判斷，但當時情況並非如此。那時，有的中學生相互武鬥，寧死不屈從樓頂跳下時還高喊：「毛主席萬歲」，為真理絕不投降。當年，中國曾發行過一張「革命知識青年的光輝榜樣——金訓華」的郵票，他為了搶救水災中漂在河裏的一根木頭電線桿而犧牲。他的確很勇敢，卻毫無意義。

儘管我本人並不迷信，但1976年發生的唐山大地震似乎具有某種象徵性。7月28日，中國遭受了有史以來最嚴重的地震，河北省唐山市被夷為平地，25萬人死亡。同年，對我生命歷程有著深遠影響的三個男人先後死亡：我至為崇拜與敬仰的周恩來總理1月8日因患膀胱癌病逝，享年78歲；接著，給予我生命並竭盡一生辛勞養育我成長的父親李元鑑在2月19日因心臟病去世，享年73歲；最後在9月9日，我曾以純潔的青春和激情聽從並響應其號召的毛澤東主席離開人間，終年83歲。

毛澤東去世之前的一段時間裏，大家都知道他快要走到生命盡頭了。從新聞紀錄電影中，人們看到他不斷衰老，看到他跟外賓說話時，口水一直流淌到下巴。新華社的朋友告訴我，他們被派到中南海菊香書屋為晚年毛澤東拍照片，不能使用閃光燈，得專門在他書房裏安裝特殊的燈光，才不會刺激偉大領袖的眼睛。

但是沒有人能夠萬壽無疆。

中央首先讓黨員幹部知道毛澤東去世的消息。接著，他們通過電台和報紙告訴了所有人。那時大部分人沒有電視機。我是從報紙上看到的，但不記得當時有什麼很特殊的感覺。

9月18日這天，全國從首都到各省市都在隆重集會追悼毛澤東逝世。我在採訪黑龍江省暨哈爾濱市悼念毛澤東的大會上，很想拍到像新聞紀錄片裏人們哭天搶地的鏡頭，因此特別注意去發現對毛主席去世感到極度悲痛的情景。大會場上不斷播放哀樂，一派莊嚴肅穆的氣氛，但我只發現一名婦女的灰西服衣領上有幾滴淚痕，儘管不很明顯，我還是拍下來了。她看上去是很悲痛的樣子，讓別人感到她正在哭，但並沒看到再有眼淚流下來。我知道這張照片不具有代表性。我看到曾經多次採訪過的一位受人尊敬的全國模範蘇

省委書記劉光濤在毛澤東追悼會上致悼詞，李振盛在現場攝影（許萬育攝，1976年9月18日，哈爾濱）

270

《大海航行靠舵手》曲作者王雙印,為毛澤東逝世譜寫歌曲《我們永遠懷念毛主席》。圖為王雙印(前排右二)與李振盛(前排左二)等媒體記者合影(薪築力拍,1976年9月15日,哈爾濱)

廣銘,便上前小聲啟發他:「蘇師傅,毛主席逝世我們都極其悲痛,我很想拍一張您悲痛流淚的照片發在報紙上,讓人們知道您十分懷念他老人家!」蘇師傅説:「我明白你的意思,他老人家過世,我當然很悲痛,是毛主席把我從苦海中救出來的,我怎能不懷念他老人家,我剛才還掉眼淚了呢。」他努力往外擠眼淚,但我等了一會,並沒有看到他眼睛裏有淚水,結果只能拍了一張臉上表情悲痛但卻無淚的照片。我還寬慰他:「蘇師傅,我知道這幾天您把眼淚都哭乾了。」他説:「李記者呀,還是你理解我,自從毛主席逝世以後,我們全家人都在哭,真的是把眼淚哭乾了。」回報社交稿時,趙總編問我還有沒有更悲痛的照片,我說真的沒有了,若有的話我能不拍麼。結果,我拍的這兩張悲而無淚的照片都發在了報紙上。

如果你比較中國人民對周恩來的感情,就能看出差異。當周總理去世時,中央下令,任何地方都不可以舉行追悼會。但在北京,人們還是自發在天安門廣場進行悼念活動。對許多人來説,周恩來的人格幾乎是完美無瑕的,為了防止文革的災難過於嚴重,他遭受了很多痛苦。在我們報社,「紅色青年戰鬥隊」的幾個成員從報紙剪下周總理的照片貼在大廳的牆上,以示悼念。很快,好心的軍代表史懷遠奉命勸説我們將它取下來。不少人認為,周恩來去世時,好像中國的一根擎天柱倒塌了;而毛澤東去世時,人們只是悄悄地説:「他老人家終於走了。」

在文革期間,許多人被形勢所迫曾做了一些後來讓他們感到追悔或羞愧的事情,包括我自己。我一直記得1967年1月初,報社的「紅色青年戰鬥隊」和「紅色造反總隊」兩派代表赴北京參加辯論,由「全國新聞界革命造反者總部」確定誰是真正的造反派,期間發生的一件事情令我難以釋懷。當時,薛運福代表「紅色造反總隊」與我們面對面地辯論,他是報社政教部的老編輯,年長我七八歲,是一個挺不錯的人,原本與我的關係也挺好。現在分別代表一派,各為其「主」。但在辯論期間,他告訴總部負責人:「我敢用人格擔保,我們是真正的造反派。」這使我非常憤怒,不假思索地從口袋裏摸出一分錢硬幣,冷嘲熱諷地大聲對他説:「你的人格還不值一分錢!」然後,為了狠狠羞辱他,我將那枚硬幣扔到門外。老薛見狀目瞪口呆,臉漲得通紅,一時説不出話來,我卻洋洋得意。

這麼多年來，一想到當時的情景，我仍然有羞愧感，不該如此對待一位老朋友、老編輯。文革爆發四十週年時，我在哈爾濱與老薛重逢，我誠懇向他道歉，他說：「那時候大家為爭當造反派，都變得瘋狂了。那一頁已翻過去，咱們仍是好朋友。」

今天，當反思文化大革命時，我深深地感到絕不能讓文革的歷史悲劇重演。因此，我為自己拍攝的文革系列照片命題為「讓歷史告訴未來」，要通過這些「會說話的照片」，向世界展示文化大革命發生的真實歷史；讓全人類都了解20世紀在中國發生的那場「革文化命」的空前大劫難。在那次運動中，人們如何相互攻擊以便能夠生存；為何每個人都是受害者，既包括那些被打傷和被打死的人，也包括那些使其他人受苦的人。文革需要被深刻地反思，但反思不是為了秋後算賬，「向後看」的目的正是為了「向前看」。反思是道德的昇華，是人性的回歸。

也許是因為「小資情調」，我始終認為人們相互之間需要友善和真誠，以寬容為懷。人們都渴望在平靜的環境裏施展個人的才華，為社會作奉獻，怎麼可以天天搞階級鬥爭，鬥得你死我活。文化大革命期間，人們普遍在聲討、批判「個人奮鬥」和「名利思想」，反對「追求成功」。但我總是努力去尋求成功，儘管有許多人試圖阻止我走向成功之路：領導者，紅衛兵，甚至我的同事和某些朋友。多年來，他們大多認為我是一個「不聽黨的話的人」。但是，文革爆發五十多年後，當人們看到我拍的這些照片時，這些成千上萬張文革的真實畫面存在的原因，與我始終沒有被接納成為黨員的原因是一樣的：因為我是一個具有叛逆性格的人，一個我行我素的人，一個特立獨行又異想天開的人。我總是依據自己的「逆向思維」作選擇，始終堅信惟有依靠個人奮鬥才能取得成功。如果說我有什麼成就可言的話，那就是我為人類留下了數以萬計的歷史照片。

1976年10月6日，毛澤東去世之後大約一個月，以華國鋒為首的黨中央粉碎了「四人幫」。我非常清楚地記得消息公佈後，我在報社，高興得難以形容。大家都非常興奮，歡呼「四人幫」的垮台。這意味著文革浩劫的結束，意味著瘋狂時代的終結。那些應當對如此多喪盡天良的行為負責的激進分子終於被送上審判台，最後被關進監獄。

一天下午，報社全體員工在食堂裏聚餐慶祝，氣氛非常熱烈歡快。在十年的恐懼和不安之後，大家都感到一種發自內心的欣喜。我們歡笑，相互拍對方的肩膀。我們喝酒，又互相祝酒，每個人都十分激動。結果，與許多人一樣，我也喝醉了。

那時，瑩俠和我已搬進了新建的簡易樓房，離報社很近。下班後，她會

從報社託兒所領回我們的寶貝女兒笑冰，先到攝影組辦公室來，再一起回
家。笑冰當時四歲，長得很漂亮，又很乖巧可愛，幼兒園老師給她起了一個
小名叫豆豆——像個可愛的小豆子。

北國冰城哈爾濱，雪花也來得早。我記得那天外面正在下雪，地上覆蓋
一層皚皚白雪。一路上，我手舞足蹈的樣子讓行人感到好笑，卻是善意的，
他們都知道我為什麼酒醉。那些天裏，全國各地機關單位都在聚餐喝慶功
酒，街道上常有走路搖搖晃晃，嘴裏哼唱「祝酒歌」的醉酒人。當時路面非
常滑，只隔一條街就要到家了，瑩俠讓我抱起笑冰過馬路。我抱女兒有一個
習慣動作，先把她舉起來，使勁向上一拋，當她下落時一把抱在懷裏。結果
這天因為喝酒太多，向上拋時用力過猛，將她從我的肩膀上向後拋了出去。

剎那間，我兩隻胳臂在胸前抱了個空，然後我聽到瑩俠大聲尖叫起來，
趕緊回頭去看，笑冰在空中翻滾了一個跟斗，「砰」的一聲臉朝天平落在雪
地上，她立即哇哇大哭起來。這讓我立即醒過酒來，和瑩俠趕緊脫掉她的厚
棉襖，查看她是否摔傷。但她一點傷痕都沒有，只是受到驚嚇而大哭。瑩

俠看著被我摔在地上的寶貝女兒，氣得瞪著眼睛對我喊叫：「如果我現在有一把刀，我會殺了你！」

自那時起，瑩俠便常常提醒笑冰那天發生的事。她會問笑冰：「豆豆啊，你還記得那次為了慶祝『四人幫』垮台和文革結束所發生的事嗎？」我會笑著補充說：「是呀，那天豆豆翻的那個跟斗還真夠水準！不經摔打，怎能成材？」

這算是文化大革命結束時，給我的最後一個有驚無險的「禮物」。

1972-1976 年

林彪叛逃、尼克松訪華、鄧小平重回權力中心 —— 尤其是在1974年周恩來重病後，鄧小平接手外交工作 —— 以及同一年毛澤東怒斥江青的極左團體為「四人小宗派」，都意味著中國對極端意識形態的追捧有所退縮。但是，鄧小平是在給毛澤東寫了一封檢討信，讚美了文革，並保證「永不翻案」後，才得以重回政壇的。毛澤東也並沒有壓制江青和其他極左分子，江青依舊掌管文化系統和意識形態領域，並在1974年借「批林批孔」的名目攻擊周恩來，以及在1976年批鬥鄧小平。

　　雖然毛澤東從未否決過激進主義或文革，但他也沒有計劃把它們推向未來。他認為江青野心勃勃，太過危險，令他日感憎惡。他精心挑選的接班人華國鋒卻恰好相反，是個相對順服的、鮮為人知的中間派。在毛澤東去世後，華國鋒對於中國將要前進的道路並沒有太過猶豫。不到一個月的時間，華國鋒就下令逮捕了王洪文、張春橋、江青、姚文元，一舉粉碎了「四人幫」，結束了長達十年之久的文革。

少先隊員在「黑龍江省社會主義先進集體和勞動模範代表大
會」上獻辭。

1973年3月8日，哈爾濱 277

到了1973年，街頭和廣場上派系鬥爭的混亂已經開始被大
禮堂內有組織的會議取代。3月8日，黑龍江省召開了社會
主義先進集體和勞動模範代表大會。

　　　　　　　　　　1973 年 3 月 8 日，哈爾濱

1973年3月10日，哈爾濱

黑龍江省委和省革委會領導班子接見參加省社會主義先進
集體和勞動模範代表大會的部分代表。

1974 年 2 月 18 日，哈爾濱；1973 年 3 月 17 日，牡丹江

在「農業學大寨」運動中被塑造成典型人物的陳永貴以中共
中央政治局委員、國務院副總理的身份在「黑龍江省農業學
大寨會議」上作報告（左）。

大寨大隊黨支部副書記郭鳳蓮在黑龍江省牡丹江市由軍代表
陪同參觀地下防空洞工程（右）。郭鳳蓮率領大寨代表參加黑
龍江省社會主義先進集體和勞動模範代表大會「傳經送寶」，
先後在大慶油田、哈爾濱、齊齊哈爾、牡丹江等地參觀。

1974 年 3 月 15 日,黑龍江

以全國著名勞動模範馬恆昌命名的齊齊哈爾機床廠馬恆昌
小組，是工業戰線上的先進班組，車間裏整潔明亮，生產
效率高。

　　　　　　　　1974 年 11 月 19 日，黑龍江省齊齊哈爾市

1970年代中期，毛澤東推行「統一、穩定、發展」的政策，中國著手解決十年社會動盪給經濟帶來的問題。江青和四人幫代表的極左派，與周恩來、鄧小平代表的溫和派，雖然是政治上的對手，但似乎都認同恢復經濟。但是，對於具體解決經濟問題的措施，兩派的看法不一。對於周鄧來說，發展經濟意味著要吸收外國資本和科技，為工業、農業、國防、科學技術的四個現代化發展提供助力。對於極左派來說，發展經濟是要重新搞「大躍進」、人民公社的老一套來提高生產、「自給自足」。

　　總的來說，溫和派一方更佔上風。1972年的批修整風運動，讓在大躍進和文革中被打倒的很多幹部又重新回到工作崗位。隨著尼克松總統訪華、中美簽署《聯合公報》，中國的國際貿易逐步開展起來。但是，極左派並不甘示弱。他們把賭注押在毛澤東身上——毛澤東擔心隨著自由化的深入，整個文革，甚至他本人，都將被一一否定。此時，毛澤東的身體狀況急轉直下——他在1974年被診斷出患有葛雷克氏症，是一種罕見的肌肉萎縮症——江青和四人幫急欲鞏固自己的勢力範圍，發動了新一輪的攻擊，批判「走資派」和打倒一切「崇洋媚外」活動。

黑龍江省雙城縣朝陽公社的知青和當地農民一起在「抓革命，促生產」，開挖河道凍土，修建水利渠道，大搞冬季農田基本建設工程。

　　　　　1974年12月17日，黑龍江省雙城縣朝陽公社

朝陽公社社員在冬季農田基本建設工地上挑運清理河道的淤泥（左），一支婦女突擊隊拉著小車運送淤泥改良土壤（右上）。希勤公社農民和女知青集中人力拉沙子改土，改造鹽鹼地（右下）。

1974年12月17日，雙城縣朝陽公社；12月19日，雙城縣希勤公社

韓甸公社冬季農田基本建設工地上，一位身懷六甲的婦女也在肩扛搬運沉重的凍土塊。

1974年12月18日，雙城縣韓甸公社

江青精心策劃的對歷史劇《海瑞罷官》的攻擊，成為 1960 年代中期文革開始的導火索。儘管後來極左派的政治力量逐漸式微，江青仍一手掌控文化事業。如果說文化大革命就是在革「文化」的命的話，江青可以說是鬥爭到底了。

文化大革命把眾多人類文化遺產視為「封資修」(封建主義、資本主義、修正主義) 垃圾，或大加摧殘，或打入冷宮，代之以由江青牽頭出品的「樣板戲」。每個樣板戲，都是對上百萬人民群眾上的一次思想品德課，強調舊社會的惡和新中國的善。《白毛女》是最著名的樣板戲之一，故事的女主角是年輕的農村姑娘喜兒，為了躲避地主黃世仁的壓迫逃入深山，嚴寒酷暑將她滿頭的黑髮變白。另一個樣板戲《紅色娘子軍》中的反派「南霸天」也是地主。這兩部戲均以女性解放為主題，有一定思想和藝術價值，影響遠及西方世界，至今作為「紅色經典」上演，但缺點是歪曲歷史，刻意突出階級仇恨。

政治舞台上，江青在 1976 年周恩來病逝後，進行了最後一次備受矚目的演出。當時，北京群眾自發舉行了大規模悼念周恩來的活動。4 月 5 日清明節，成千上萬人民群眾不顧當局反對，湧入天安門廣場。人民英雄紀念碑周圍，到處是人們獻上的花圈。這些自發的悼念活動，帶有譴責毛澤東和文革的意味。中央政治局將事件定性為「反革命政治事件」，認為鄧小平是事件總後台，兩天後撤銷了鄧小平在黨內外的一切職務。江青策劃組織了批鬥鄧小平的活動，但是，她的勝利是短暫的。新的黨主席華國鋒在毛澤東去世三個星期後，下令逮捕包括江青在內的四名「四人幫」成員。江青雖然沒有被判死刑，但在獄中度過了生命最後的十五年。1991 年，77 歲身患癌症的江青，就像曾經被她折磨過的許多冤魂一樣，選擇用上吊結束了自己的生命。

　　　　　1975 年 7 月 20 日，黑龍江省大慶市

中國舞劇團在大慶油田為十萬石油工人演出八個樣板戲之一
——革命芭蕾舞劇《紅色娘子軍》。

1975年7月23日，阿城縣；9月1日，黑龍江省尚志縣

中國舞劇團在阿城縣玉泉公社為五萬貧下中農演出革命樣
板戲 —— 革命芭蕾舞劇《白毛女》(左)。

中國東北地區有許多朝鮮族聚居,例如尚志縣河東公社就
是朝鮮族和漢族聚居的農村公社。公社每年舉辦獨具特色
的民族運動會,包括跳板比賽(右)。

黑龍江省亞布力林業局虎峰
林場由知青組成的女子民兵
班，手握鋼槍巡邏在林海雪
原中。

1976年2月16日，尚志縣

　　　　　　　　　　　　1976年4月9日，哈爾濱

在毛澤東將鄧小平撤職後，哈爾濱市五十萬革命群眾和解
放軍指戰員集會，聲討鄧小平的罪行。解放軍官兵的方陣
中拉起「熱烈歡呼、堅決擁護黨中央的兩個英明決議」和
「憤怒聲討鄧小平的罪行」的大幅標語，並不斷高呼「打倒
鄧小平！」

1976年5月16日，哈爾濱

1976年5月16日，黑龍江省暨哈爾濱市十萬群眾在北方
大廈廣場集會，紀念「五・一六通知」發佈十週年，慶祝無
產階級文化大革命十週年。

1976年6月18日，尚志縣；6月22日，大慶

經濟重建包括了傳統農業與現代工業。黑龍江省尚志縣河
東公社的朝鮮族社員在水稻田裏插秧（左），全國工業戰線
的紅旗 ── 大慶油田的研究院的科技人員用科技手段提高
油田產量（右）。

深入批邓掀起反击右倾翻案风的新高潮

　　　　　　　　1976年6月26日，大慶

黑龍江省大慶郵電局職工抓革命促生產，一邊深入批鄧，
一邊加強技術學習和研製。

黑龍江省引龍河農場特地從
縣城裏請來照相館的師傅，
在水利工地上用大型老式座
機為知識青年突擊隊員們拍
攝合影照片。

　　　　　　1976 年 6 月 25 日，黑龍江省北安市

「中國共產黨中央委員會、中華人民共和國全國人民代表大會常務委員會、中華人民共和國國務院、中國共產黨中央軍事委員會極其悲痛地向全黨全軍全國各族人民宣告：

我黨我軍我國各族人民敬愛的偉大領袖、國際無產階級和被壓迫民族被壓迫人民的偉大導師、中國共產黨中央委員會主席、中國共產黨中央軍事委員會主席、中國人民政治協商會議全國委員會名譽主席毛澤東同志，在患病後經過多方精心治療，終因病情惡化，醫治無效，於一九七六年九月九日零時十分在北京逝世。」

　　——1976年9月9日新華社向全世界發佈的關於毛澤東逝世的官方通告

哈爾濱工藝美術廠職工在製作花圈悼念毛澤東主席逝世。

1976年9月14日，哈爾濱

與半年前周恩來逝世後人民群眾發自肺腑的悼念之情相比，或者與不久後四人幫下台每個人表現出來的雀躍之情相比，毛澤東的逝世，帶來的更多是一種壓抑的情緒。經過多年動盪後，人們對這位革命英雄、新中國的締造者的崇敬之情也已漸漸被多年的政治鬥爭所侵蝕。照相機記錄下人們面露的悲戚，但無法窺測內心的活動——雖然大家心知肚明：文化大革命不可能繼續下去了，但是今後向何處去？中國人在憂慮、等待。出席悼念活動的省領導中有劫後餘生的任仲夷，數年後他調任廣東，痛定思痛，在對外開放的前沿地帶做出了一番事業。

　　毛澤東並沒有像蘇聯的斯大林一樣，死後遭到「清算」。一部分原因是，你無法把毛澤東的名字與共產黨分開。毛澤東就是黨的化身。同樣的，你也無法把共產黨與文革分開。結果就是，在這個國家，幫兇與受害者一起陷入了沉默。鄧小平1977年復出後，為許多被打倒的幹部平反，不少人又重新回到了領導崗位。

　　一生遭遇三起三落的鄧小平，是最有資本否決毛澤東的，但他沒有這麼做。1981年6月中共十一屆六中全會通過〈關於建國以來黨的若干歷史問題的決議〉，堅持毛澤東「功績是第一位的，錯誤是第二位的」，同時提出：「實踐證明，『文化大革命』不是也不可能是任何意義上的革命或社會進步……對於『文化大革命』這一全局性的、長時間的『左』傾嚴重錯誤，毛澤東同志負有主要責任……他晚年對許多問題不僅沒有能夠加以正確的分析，而且在『文化大革命』中混淆了是非和敵我……這是他的悲劇所在。」

黑龍江省委直屬機關幹部在省委大樓設置的靈堂裏,悼念
毛澤東逝世。

《大海航行靠舵手》的曲作者王雙印為工人代表演唱他剛剛譜
寫的歌曲《我們永遠懷念毛主席》（左）。

珍寶島自衛反擊戰戰鬥英雄、黑龍江省駐軍副部隊長冷鵬飛
（前排右）在高炮團帶領官兵宣誓，要化悲痛為力量，永遠忠
於毛澤東思想（右）。

　　　　　1976 年 9 月 16 日，哈爾濱

黑龍江省暨哈爾濱市各界群眾五十萬人集會追悼毛澤東主席逝世，群眾佩戴黑紗白花排隊進入悼念大會會場。

1976年9月18日，哈爾濱

參加追悼會的勞模代表沉痛
流淚。

　　　　　　　1976年9月18日，哈爾濱

黑龍江省暨哈爾濱市五十萬人集會，共同追悼毛澤東主席
逝世。大會會場設置在紅衛兵廣場。

1976 年 9 月 18 日，哈爾濱

1976年9月18日，哈爾濱

追悼會上，省委領導人與廣大群眾一起向毛澤東主席遺像
鞠躬致哀，其中也包括了在文革高潮時被打倒的領導人。
從左至右是：王一倫、于洪亮、任仲夷、劉光濤、張林
池、楊易辰、李力安、游好揚、夏光亞及李劍白。

1976年10月23日、12月23日，哈爾濱

1976年10月6日，以華國鋒為首的黨中央一舉粉碎「四人
幫」，結束了長達十年的無產階級文化大革命。黑龍江省和
哈爾濱市於1976年10月23日舉行五十萬人的盛大集會，
敲鑼打鼓燃放鞭炮，歡慶粉碎「四人幫」（左）。

12月23日，哈爾濱市革命群眾頂風冒雪乘解放牌大卡車上
街遊行，慶祝華國峰主席像在黑龍江省印刷發行（右）。

中共黑龍江省委全體常委在省委大樓前列隊迎接華主席像。

　　　　　　1976年12月23日，哈爾濱

尾 聲

1976年秋天，毛澤東去世，「四人幫」被捕。文化大革命，這個牽涉到社會各個層面，影響到數百萬人生命、包括許多當權人士生命的大事件，卻仍被冰冷的沉默所籠罩，很少人主動開口提及。1978年，中共宣布國家進入以經濟建設為中心的新時期。然而，文革摧毀了中國的社會倫理並形成信仰崩潰後的真空，物質建設只能在精神廢墟上起步，貪腐因此變得難以遏制。恰恰此時，黑龍江出現了一位號稱「建國以來最大貪污犯」的王守信，揭露此案的報告文學《人妖之間》，於1979年發表後轟動全國。王守信是黑龍江省賓縣燃料公司黨支部書記兼經理，她在文革前只是燃料公司的一名普通收款員。文革期間，她成為造反派，被指控多年私設「小金庫」，先後儲備三十多萬現金供打通進煤和運輸環節，最後連同物資折價共貪污、侵吞約五十餘萬元。

對王守信一案的審判，使黑龍江省再一次成為全國矚目的焦點。經過在哈爾濱三天的公開審理後，王守信被判處死刑。當時就有很多人認為她罪不致死，只是撞在官方整頓經濟領域的槍口上，成為犧牲品而已。1980年2月，王守信被槍決。但是「殺雞儆猴」的策略早已失效，此後中國貪腐涉案金額不斷刷新，如今更是動輒以千百億計。在落馬前，涉案者大都罩著光環不容質疑，落馬後，他們又成為大奸大惡不容辯護。非此即彼的鬥爭思維仍大行其道，「人妖之間」的命題並未過時。

王守信被押進設在哈爾濱工人體育館的公審大會會場。

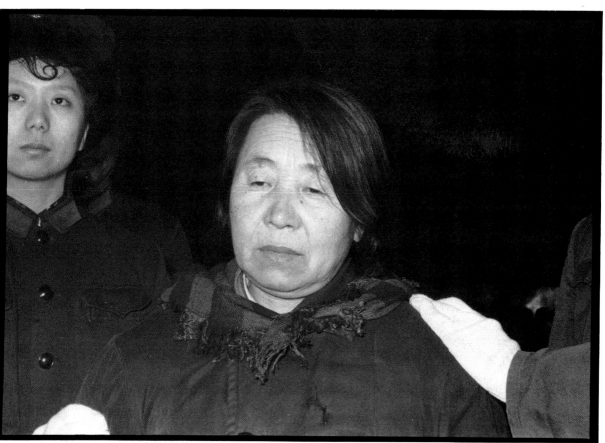

1980 年 2 月 8 日，哈爾濱

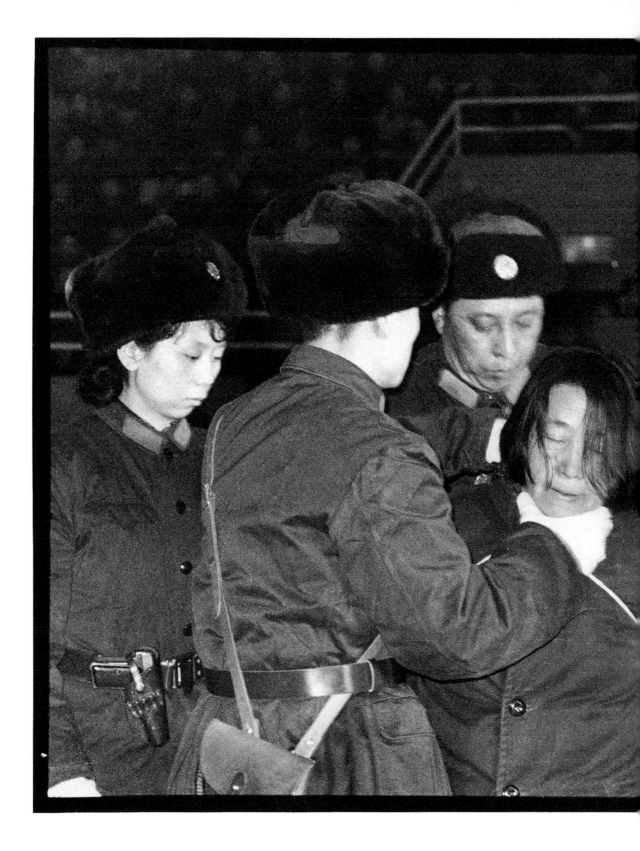

　　　　　　　　　1980年2月8日，哈爾濱

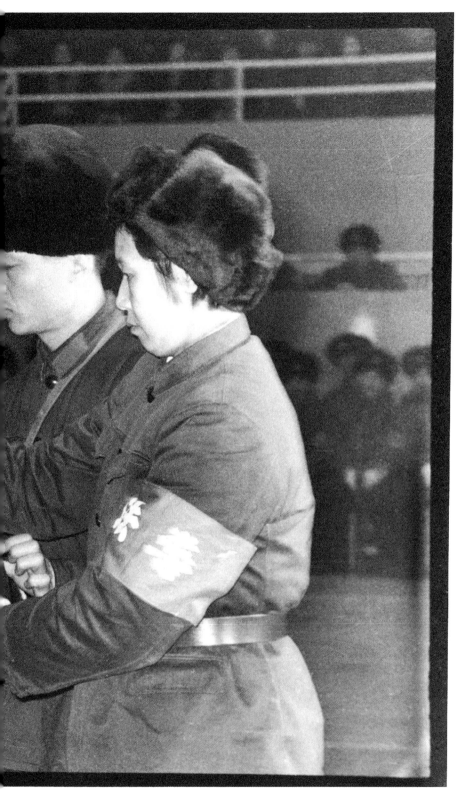

被宣判立即執行死刑後，王守信激動地大喊「我是為真理而死」、「共產黨會替我報仇的」，法警為了不讓她再喊叫，托住她的下巴向上一推，使下巴脫臼，她便再也不能出聲了。

公審之後，王守信被押上卡車遊街示眾（左）。到刑場後，王守信神志清醒，表情平靜（右）。

1980 年 2 月 8 日，哈爾濱及市郊

　　　　　　　　1980 年 2 月 8 日，哈爾濱市郊

王守信大步流星地走向行刑
點（左上）。到達行刑點後不
肯下跪，被法警從後腳彎踢
了一腳後跪下（左下）。圍觀
群眾很多，她面無表情，木
然地等著最後的行刑（右）。

行刑程序是：行刑法警空槍上場，法警長發放子彈，行刑
法警瞄準，法警長舉發令旗，旗落槍響。王守信腦袋中
彈，頭頂冒出一股白氣向前倒下。

　　　　　　　　1980 年 2 月 8 日，哈爾濱市郊

鳴　謝

謹以此書獻給——

在文革浩劫中蒙難倒下去的人們

從文革風雨中堅韌挺過來的人們

《紅色新聞兵》這本書的製作過程歷經多年，期間涉及世界各地諸多人士的努力和貢獻。

首先要感謝為本書作出貢獻及對我事業給予幫助的人們：

中國前國務委員兼國防部長張愛萍將軍——感謝他在91歲高齡時親筆為《紅色新聞兵》題詞。早在1988年3月10日，我的文革組照獲「艱巨歷程」全國攝影公開賽最高獎，張將軍親切接見我並表彰說：「你為人民記錄了歷史，為國家為社會做出了貢獻，人民會感謝你的」。

知名漢學家史景遷教授——感謝他在學術研究的百忙之中為《紅色新聞兵》英文版撰寫導言。

美國聯繫新聞圖片社總裁羅伯特·普雷基——感謝他精心編輯《紅色新聞兵》英文版，並策劃我的文革照片的全球巡迴攝影展覽。

美國聯繫新聞圖片社編輯、作家傑克·米納什——感謝他對我所做的兩百多小時採訪，並在此基礎上為《紅色新聞兵》英文版撰寫我口述歷史的三萬多字英文訪談錄。

美國聯繫新聞圖片社巴黎編輯部多米尼克·德莎范(Dominique Deschavanne)女士——感謝她為《紅色新聞兵》英文版所用照片做的編輯工作。

美國聯繫新聞圖片社技術人員提姆·馬普(Tim Mapp)先生——感謝他為《紅色新聞兵》英文版所用文革圖片做掃描製作。

美國聯繫新聞圖片社編輯南希·科爾(Nancy Koch)女士——感謝她為《紅色新聞兵》英文版的照片做英文編輯工作。

哈佛大學費正清東亞研究中心圖書館館員南希·赫斯特(Nancy Hearst)女士——感謝她為《紅色新聞兵》英文版所提供的資料及校閱工作。

美國獨立電影製片人卡瑪(Carma Hinton)教授、澳洲國立大學漢學家白杰明(Geremie R. Barmé)教授——感謝他們為《紅色新聞兵》英文版的譯文做系統校閱修訂並撰寫書評。

黑龍江日報報業集團時任攝影中心主任郭存發——感謝他為《紅色新聞兵》英文版提供文革時期《黑龍江日報》部分報紙版面圖片及相關資料。

紐約紅石圖像公司總裁汪鋼(Peter Wang)——感謝他為《紅色新聞兵》英文版所採用的照片精心掃描製作電子文件。

香港中文大學出版社社長甘琦女士——感謝她親率設計師和責任編輯在北京登門造訪誠摯約稿，並親自參與《紅色新聞兵》中文版的編輯與設計工作。

書籍設計師何浩先生——感謝他以極大的熱忱為《紅色新聞兵》中文版提供了精心的設計。

中文版責任編輯林驍女士——感謝她最先熱情執著地與我反覆聯絡《紅色新聞兵》中文版的出版事宜，並以極其敬業的精神完成繁重的編輯工作。

香港中文大學出版社製作部吳劍業先生——感謝他為確保《紅色新聞兵》中文版圖片的質量所作出的貢獻。

美國南伊利諾伊大學大眾傳媒系助理教授李適女士——感謝她為《紅色新聞兵》中文版的翻譯所作出的貢獻。

中國成都建川博物館聚落館主樊建川先生——感謝他斥資為我創建佔地1200平米的「李振盛攝影博物館」，永久性地陳列展覽我的一千餘件生平實物和數百幅攝影作品。

著名藝術家陳丹青先生——感謝他為我獲「國際攝影界奧斯卡獎——露西紀實攝影終身成就獎」而專程趕來美國，在紐約卡耐基音樂廳頒獎盛典上擔任頒獎嘉賓並致頒獎詞。

鳳凰衛視「魯豫有約－老友記」主持人陳魯豫——感謝她對我進行訪談並製作兩集節目，讓我向海內外觀眾講述文革照片背後的故事。

哈佛大學費正清東亞研究中心——感謝他們於1996年邀請我赴美講學，安排我與「文革學泰斗」麥克法夸爾(Roderick MacFarquhar)教授同堂演講；十年內兩度邀請我到哈佛大學舉辦文革影展及學術演講會。

普林斯頓大學東亞研究系——感謝他們於1997年初邀請我到普林斯頓大學舉辦文革影展及學術演講會。

隨後二十年來，我先後應邀在北美洲、亞洲、歐洲、拉丁美洲及南美洲等地二十餘所國際名校舉辦演講會，恕不一一點名致謝。

長弓影視公司(Long Bow Group)——感謝高富貴(Richard Gordon)、卡瑪夫婦邀請我參加文革紀錄片《八九點鐘的太陽》的拍攝並在影片中講述我的文革照片故事。

其次特別感謝對我學業和事業產生過巨大影響的前輩們：

我的導師吳印咸——感謝他1961年對我的教導：「攝影記者不僅僅是歷史的見證人，還應當是歷史的記錄者。」

我心目中的導師亨利·卡蒂埃－布列松——感謝他2003年7月看過《紅色新聞兵》後盛情邀我會面並合影，親切地說：「我們都在用鏡頭為歷史留下見證，是記錄歷史的同路人」。他的「決定性瞬間」理論和攝影作品影響我一生。

我的恩師葛偉卿——感謝這位平生歷盡磨難的電影藝術

家擔任長春電影學院攝影系常務副主任時對我的教誨:「只有把逆境變成人生的動力,才能攀登事業的巔峰。」

最後要特別感謝我的家人:

爺爺李杏村——感謝曾任教私塾先生的爺爺為我取名「振盛」,喻意「振聲激揚,盛譽四方」。他是給予我人生與文化啟蒙的第一人。

父親李元鑑——感謝父親在很艱難的條件下堅持供我讀大學,完成電影學院攝影系學業,圓了我做攝影藝術家的夢想。

生母陳世蘭——感謝生母孕育了我和妹妹的幼小生命,她卻在我三歲、妹妹一歲時英年早逝。

嫡母王樹英——感謝嫡母養育我和妹妹長大成人。文革中我與妻子下放五七幹校勞動改造時由她代我們扶養剛剛一歲的兒子笑寒。

岳父祖壽山——感謝這位未曾謀面的岳父同意他的女兒嫁我為妻,文革中他因是鄉村著名中醫被定為「反動學術權威」慘遭迫害而自殺。

岳母祖關氏——感謝岳母尚在丈夫被迫害致死的悲痛中到哈爾濱照料我正在做月子的妻子及剛剛出世的兒子笑寒。

哥哥李振曆——感謝他為了減輕我們困苦家庭的生活負擔,16歲便參加了人民軍隊。後來不幸在解放戰爭中犧牲。

妹妹李淑舫——感謝她多年來在山東老家悉心照料年邁的父母,讓我在外安心攻讀學業和從事新聞記者工作。

妻子祖瑩俠——感謝她陪同我經受文革風雨的洗禮,在五十年相濡以沫的坎坷歷程中,她始終給予我最真誠最無私的理解與支持。

兒子李笑寒——感謝他在本書編輯出版過程中幫助我整理資料和製作修整圖片的技術性工作。

女兒李笑冰——感謝她在本書編輯過程中幫助我整理資料,參與本書的編輯及翻譯工作。

我要感謝所有真心地關愛過我的人,他們的支持與鼓勵是我人生中奮進的動力。我也感謝那些忌恨並打擊壓制我的人,逆境與挫折更激勵我奮發圖強。

曾給予我幫助的人太多,無法在此一一點名致謝,敬請朋友們諒解。

李振盛

1940 生於遼寧省大連市，祖籍山東省榮成縣

教育與任職

1963 畢業於長春電影學院攝影系
     任《黑龍江日報》攝影記者，攝影組組長
1982 任北京國際政治學院（後更名中國人民警官大學）
     新聞系新聞攝影教研室主任
1996 應哈佛大學費正清東亞研究中心邀請赴美訪問講
     學，旅居紐約
     任紐約華文月刊《天下華人》雜誌總編輯

出版與獲獎

1987 二十幅文革組照獲「艱巨歷程」全國攝影公開賽
     最高獎「系列新聞照片大獎」
2003 《紅色新聞兵》由英國菲頓出版社以英、法、德、
     意、西、日六種文字出版
     《紅色新聞兵》被《美國攝影》雜誌評為「世界最佳
     攝影畫冊」
2004 《紅色新聞兵》獲美國海外記者俱樂部「最佳攝影
     報道獎」
     《紅色新聞兵》成為英國皇家圖書大獎六本提名攝
     影集之一
2005 被美國資深攝影編輯瑞威·戈登（Reuel Golden）選為
     自1855年以來150年間「世界54位新聞攝影大師」
2006 入選鳳凰衛視《鳳凰生活》「影響世界未來50華人
     榜」
     獲「墨子國際攝影大師獎」
     牛津大百科出版社出版的《牛津攝影指南》單獨
     列入「李振盛」個人詞條
2007 《紅色新聞兵的紅鏡頭：李振盛見證香港回歸》由
     中國民族攝影藝術出版社出版
2013 獲「國際攝影界奧斯卡獎——露西紀實攝影終身
     成就獎」（The Lucie Award），成為首位華人得主
2014 被IPA（Invisible Photographer Asia）評為「亞洲最
     有影響力的30位攝影師」之一
2016 中國郵政出版「中國當代文化名人紀念郵票——
     享譽世界的中國攝影家李振盛攝影六十年珍藏紀
     念郵票」

展覽與演講

1988 「艱巨歷程」攝影作品在中國美術館展出
1996起 先後應邀在哈佛大學、普林斯頓大學、加州大學
     伯克利分校、紐約大學、倫敦大學、柏林大學、
     塔夫茨大學、荷蘭皇家藝術學院、墨西哥大學、
     北京大學、清華大學、香港浸會大學等全球二十
     餘所大學演講。美國及歐洲多所大學選用《紅色
     新聞兵》作為教科書
2003起 《讓歷史告訴未來》環球巡回攝影展在六十多個國
     家/城市巡展。巴黎、倫敦、巴塞羅那三地的觀
     眾均超過十萬人，國際觀眾數累計超過四百萬人
2007 《李振盛攝影50年》與美國攝影大師羅伯特·弗蘭
     克（Robert Frank）的《美國人》在中國平遙舉辦
     聯展
2008 《中國攝影家李振盛與羅伯特·卡帕紀實攝影聯
     展》在西班牙維多利亞攝影節舉辦，羅伯特·卡
     帕（Robert Capa）為已故著名戰地攝影記者
2015–2017 《李振盛攝影60年》先後在西安、成都、哈爾濱舉
     辦展覽
2017 成都建川博物館聚落館主樊建川創辦「李振盛攝
     影博物館」，展覽陳列李振盛平生用過的實物千
     餘件，生平照片及攝影作品數百幅